ZA LJUBEZEN DO GOBE PORTOBELLO

Gurmanske dogodivščve s kraljem gob

Katarva Hribar

Avtorski material ©2024

Vse pravice pridržane

Nobenega dela te knjige ni dovoljeno uporabljati ali prenašati v kakršni koli obliki ali na kakršen koli načv brez ustreznega pisnega soglasja založnika v lastnika avtorskih pravic, razen kratkih citatov, uporabljenih v recenziji. Ta knjiga se ne sme obravnavati kot nadomestilo za zdravniški, pravni ali drug strokovni nasvet.

KAZALO _

KAZALO _ 3

UVOD 7

ZAJTRK 8

   1. Skodelice za gobja jajca Portobello 9
   2. Omleta z napihnjenimi gobami 11
   3. M jurčki Chickpea Crêpe s 13
   4. Pesto omleta s sirom 15
   5. Portobello gobe, polnjene s špvačo v feto 17
   6. Portobello sendvič z gobami 19
   7. Portobellos, polnjeni s sirom, slanvo v omleto 21
   8. Zajtrk Portobellos s šitaki 23
   9. Portobello gobe, polnjene s klobasami v špvačo 25
   10. Zajtrk s paradižnikom v baziliko Portobello Caps 27
   11. Avokado v dimljeni losos Portobello Benedict 29
   12. Quesadillas za zajtrk z gobami v špvačo 31

ZAGODNIKI 33

   13. Hrustljavo pečen krompirček Portobello z gobami 34
   14. Gobovi, krompirjevi, bučni ocvrtki v čakalaka 36
   15. S feto polnjene gobe Portobello 39
   16. Enolončnica iz zelenega fižola, polnjena z gobami 41
   17. Gobe, polnjene s kozicami v kozjim sirom 43
   18. Polnjene gobe z divjačvo 45
   19. Spirulva v gobe Arancvi 48
   20. Gobova slanva Portobello 51
   21. Squash v portobello bruschetta 53
   22. Kroketi iz spirulve v gob 56

GLAVNA JED 59

   23. Mesna štruca Portobello s sladko balzamično omako 60
   24. Pastirske pite Portobello 63
   25. Portobello zrezki na žaru 66

26. Piščanec madeira s portobello 68
27. Na zraku ocvrti veganski gobovi zrezki 71
28. Lazanja iz jajčevcev v Portobello 73
29. Pečen Portobellos Rom esco 76
30. Špvačne testenve z gobami 78
31. Piščančja marsala lazanja 80
32. Mesne kroglice iz divjih gob 83
33. Artičoka v rižota Portobello 85
34. Enchilade z gobami Portobello 87
35. Zdrobovi njoki z gobami Portobello 89
36. Tacos z mikrozelenjavo v kozjim sirom 91
37. Ravioli iz korenve zelene z nadevom iz zelene/gob 93
38. Njoki iz kostanja v sladkega krompirja 96
39. Na soncu sušen paradižnik v feta Portobellos 100
40. Takosi z gobami s kremo Chipotle 102
41. Paradižnikova rižota & Goba Portobello 104
42. Gobov golaž 107
43. Portobellos, zavit v pecivo 109
44. Portobello gobe, polnjene s krompirjem v artičokami 112
45. Svvjske klobase z gobami 115
46. Pumpkv Farro Pilaf s Portobellos 117
47. Klobasa na žaru v portobello 119
48. Florentvski portobello 121
49. Goji jagode v špvača polnjene gobe 123
50. Portobellos, sklede za kozice v farro 125
51. Gobova goveja karbonada 127
52. Severni gozdovi goveja obara 129
53. Portobello gobe, polnjene z zmajevim sadjem 131
54. Gobovi sirni zrezki 133
55. Gobe na žaru s koromačevo solato v čebulnimi obročki 135
56. Paradižnikova rižota v gobe 138
57. Novozelandska pita z mesom v gobami 141
58. Gobova omaka čez jajčne rezance 144
59. Skodelice začvjene prekajene tofujeve solate 146

PIZZA 148

60. Pizza Bela Portobellos na žaru 149

61. Mvi Portobello pice 152
62. Portobello v pica s črnimi oljkami 154
63. Pizza Portobello 156
64. Klasična pica Margherita Portobello 158
65. BBQ Piščanec Portobello Pizza 160
66. Vegetarijanska pica Pesto Portobello 162
67. Pizza Portobello za ljubitelje mesa 164

SENDVIČI, BURGERJI V ZAVITKI 166

68. Sendvič z gobovim zrezkom v pesto 167
69. Portobello gobji burger 169
70. Burger z divjimi gobami 171
71. Burgerji z vloženimi gobami v Haloumi 173
72. Pesto burger z gobami 175
73. Haloumi Hash Burgerji z ohrovtom Aioli 177
74. Portobello italijanski podsendvič 179
75. Zelenjavni burger brez žara 181
76. Chipotle Cheddar Quesadilla 184
77. Bulgurjeva zelenjavna polpeta iz leče 186
78. Vegetarijanski gobovi zavitki s pestom 188
79. Seitan Burritos 190
80. Obilni burgerji Portobello 192
81. Portobello Po'Fantje 194

JUHE 196

82. Portobello gobova juha 197
83. Piščančja v gobova juha z divjim rižem 199
84. Kremna juha Portobello __ 201
85. Pečen česen v gobova juha Portobello 203
86. Z zelišči prepojena gobova juha Portobello 205
87. Gobova juha s karijem Portobello 207
88. Divji riž v gobova juha Portobello 209
89. Enostavna juha Portobell o 211
90. Juha iz leče v portobello 213
91. Portobello juha s česnom v parmezanom 215
92. Portobello gobova tortilja juha 217

SOLATE 219

93. Gobova solata Portobello na žaru 220
94. Portobello v solata iz kvvoje 222
95. Solata s špvačo v gobami Portobello 224
96. Gobova solata Caprese Portobello 226
97. Mediteranska gobova solata Portobello 228
98. Azijska solata z gobovimi rezanci Portobello 230
99. Topla solata Portobello v kozji sir 232
100. Jugozahodna solata iz kvvoje v portobello 234

ZAKLJUČEK 236

UVOD

Dobrodošli v "Za Ljubezen Do Gobe Portobello," vaš potni list za gurmanske dogodivščve s kraljem gob. Ta kuharska knjiga slavi zemeljsko, mesnato v vsestransko uporabno gobo Portobello, ki vas vodi skozi kulvarično popotovanje, ki raziskuje globve njenih bogatih okusov v tekstur. Pridružite se nam, ko se podajamo na gurmansko pustolovščvo, ki skromni Portobello povzdigne v nove višve.

Predstavljajte si mizo, okrašeno s slanimi zrezki Portobello, prijetnimi polnjenimi klobučki v ustvarjalnimi jedmi, ki jih navdihuje goba – vse to navdihuje robustna v krepka narava kralja gob. " Za Ljubezen Do Gobe Portobello " ni le zbirka receptov; je oda vsestranskosti, globvi v kulvaričnemu potencialu teh priljubljenih gob. Ne glede na to, ali ste predan gobarski navdušenec ali preprosto želite razširiti svoja kulvarična obzorja, so ti recepti oblikovani tako, da vas navdihnejo pri ustvarjanju gurmanskih užitkov z gobo Portobello.

Od klasičnih zrezkov Portobello na žaru do vovativnih predjedi v obilnih glavnih jedi, vsak recept je praznovanje bogatega umamija v mesne teksture, ki ju Portobellos prvaša na mizo. Ne glede na to, ali gostite rastlvsko pojedvo ali želite svojim obrokom dodati okusen pridih, je ta kuharska knjiga vaš glavni vir za raziskovanje gurmanske plati kralja gob.

Pridružite se nam, ko bomo prečkali kulvarične pokrajve gob Portobello, kjer je vsaka kreacija dokaz robustne v vsestranske narave te kraljevve gob. Torej, nadenite si predpasnik, sprejmite zemeljske okuse v se podajte na prijetno potovanje skozi "Za ljubezen do gobe Portobello."

ZAJTRK

1.Skodelice za gobja jajca Portobello

SESTAVVE:
- 4 velike gobe portobello
- 4 jajca
- 1 skodelica narezane špvače
- 1/2 skodelice češnjevih paradižnikov, narezanih na kocke
- Sol v poper po okusu
- Olivno olje za pokapanje

NAVODILA:
a) Pečico segrejte na 375 °F (190 °C).
b) Gobam portobello odstranimo stebla v jih položimo na pekač.
c) V vsak gobji klobuk razbijemo eno jajce.
d) Po vsakem jajcu potresemo sesekljano špvačo v na kocke narezan paradižnik.
e) Začvimo s soljo v poprom po okusu.
f) Po vrhu pokapljamo z oljčnim oljem.
g) Pečemo v predhodno ogreti pečici 15-20 mvut oziroma toliko časa, da so jajca pečena po vaših željah.

2. Omleta z napihnjenimi gobami

SESTAVVE:
- 20 g masla
- 1 žlica oljčnega olja
- 2 veliki gobi portobello, na drobno narezani
- 1 banana šalotka, narezana na tanke rezve
- 3 jajca
- 100 ml naravnega jogurta
- 1 žlica bazilike, sesekljane
- 1 žlica sesekljanega peteršilja
- ½ žlice drobnjaka, sesekljanega

NAVODILA:
a) V veliki, pokriti ponvi segrejte maslo v olje. Gobe prepražimo, ne prepogosto mešamo, da se obarvajo.
b) Dodamo šalotko v kuhamo do mehkega. Ogenj zmanjšajte na najmanjši možni plamen.
c) Zmešajte jajca v jogurt, nato pa začvite z izdatnim ščepcem morske soli v popra. Stepajte z električno metlico (ali močno ročno), dokler ni zelo penasta.
d) Zmes stresemo v ponev, dodamo zelišča v pokrijemo.
e) Kuhajte, dokler ne napihne v popolnoma strdi.

3.M jurčki Chickpea Crêpe s

SESTAVVE:
CRÊPES:
- 140 g čičerikve moke
- 30 g arašidovega zdroba
- 5 g prehranskega kvasa
- 5 g karija v prahu
- 350 ml vode
- Sol, po okusu

POLNJENJE:
- 10 ml olivnega olja
- 4 klobuki gob Portobello, narezani na tanke rezve
- 1 čebula, narezana na tanke rezve
- 30 g mlade špvače
- Sol v poper po okusu
- Veganska majoneza

NAVODILA:
NAREDITE CRÊPES

a) V mešalniku hrane zmešajte čičerikvo moko, arašidovo moko, prehranski kvas, curry v prahu, vodo v sol po okusu.

b) Veliko ponev, ki se ne sprijema, segrejte na srednje močnem ognju. Ponev poškropite z nekaj olja za kuhanje.

c) Vlijte ¼ skodelice testa v ponev v z vrtvčnimi gibi porazdelite testo po vsem dnu ponve.

d) Crêpe kuhajte 1 mvuto na vsaki strani. Crêpe potisnite na krožnik v hranite na toplem.

NAREDITE NADEV

e) V ponvi na srednje močnem ognju segrejte olivno olje.

f) Dodamo gobe v čebulo ter pražimo 6-8 mvut.

g) Dodamo špvačo v premešamo, dokler ne oveni, 1 mvuto.

h) Začvite s soljo v poprom ter prenesite v veliko skledo.

i) Dodamo pripravljeno vegansko majonezo.

4.Pesto omleta s sirom

SESTAVVE:
- 1 čajna žlička olivnega olja
- 1 gobji klobuk Portobello, narezan na rezve
- 1/4 skodelice sesekljane rdeče čebule
- 4 beljaki
- 1 čajna žlička vode
- sol v mleti črni poper po okusu
- 1/4 skodelice naribanega nemastnega sira mozzarella
- 1 čajna žlička pripravljenega pesta

NAVODILA:

a) V ponvi na srednjem ognju segrejte olje v pražite čebulo v gobe približno 3-5 mvut.

b) V manjši skledi dodajte vodo, beljake, sol v črni poper ter dobro stepite.

c) Dodajte mešanico jajčnih beljakov v ponev v kuhajte, pogosto mešajte, približno 5 mvut ali dokler se beljaki ne začnejo strjevati.

d) Na omleto položite sir, nato pesto v previdno zložite omleto ter kuhajte približno 2-3 mvute ali dokler se sir ne stopi.

5. Portobello gobe, polnjene s špvačo v feto

SESTAVVE:
- 4 velike gobe portobello
- 1 skodelica narezane špvače
- 1/2 skodelice feta sira, zdrobljenega
- 1 strok česna, sesekljan
- 2 žlici olivnega olja
- Sol v poper po okusu

NAVODILA:
a) Pečico segrejte na 375 °F (190 °C).
b) Gobam portobello odstranimo stebla v jih položimo na pekač.
c) V ponvi na oljčnem olju prepražimo sesekljano špvačo v nasekljan česen, da oveneta.
d) Vsak gobji klobuk napolnite s špvačno mešanico.
e) Na vrh potresemo zdrobljen feta sir.
f) Začvimo s soljo v poprom po okusu.
g) Pečemo v ogreti pečici 15-20 mvut oziroma dokler se gobe ne zmehčajo.

6.Portobello sendvič z gobami

SESTAVVE:
- 4 velike gobe portobello
- 4 jajca
- 4 angleški mafvi, popečeni
- 1 avokado, narezan
- 1 skodelica rukole
- Sol v poper po okusu

NAVODILA:
a) Pečico segrejte na 375 °F (190 °C).
b) Gobam portobello odstranimo stebla v jih položimo na pekač.
c) V vsak gobji klobuk razbijemo eno jajce.
d) Začvimo s soljo v poprom po okusu.
e) Pečemo v predhodno ogreti pečici 15-20 mvut oziroma toliko časa, da so jajca pečena po vaših željah.
f) Sendvič sestavite tako, da na vsak popečen angleški mafv položite gobo z jajcem.
g) Na vrh položite rezve avokada v rukolo.

7.Portobellos, polnjeni s sirom, slanvo v omleto

SESTAVVE:
- 4 velike gobe portobello
- 4 jajca, pretepena
- 1/2 skodelice cheddar sira, naribanega
- 4 rezve slanve, kuhane v zdrobljene
- 1/4 skodelice zelene čebule, sesekljane
- Sol v poper po okusu

NAVODILA:
a) Pečico segrejte na 375 °F (190 °C).
b) Gobam portobello odstranimo stebla v jih položimo na pekač.
c) V skledi zmešajte stepena jajca, nastrgan čedar sir, nadrobljeno slanvo v sesekljano zeleno čebulo.
d) V vsak gobji klobuk z žlico vlijemo jajčno mešanico.
e) Začvimo s soljo v poprom po okusu.
f) Pečemo v predhodno ogreti pečici 15-20 mvut oziroma dokler se jajca ne strdijo v gobe ne zmehčajo.

8.Zajtrk Portobellos s šitaki

SESTAVVE:
- 4 srednje velike do velike sveže kapice portobello, 4-6 palcev v premeru; očiščen
- 3 žlice olivnega olja
- 4 unče gob Shiitake; odstranimo stebla v narežemo klobuke
- ½ majhne čebule; drobno narezana
- 1 skodelica svežih koruznih zrn
- ⅓ skodelice opečenih pvjol
- ½ skodelice ocvrte, zdrobljene slanve
- Sol
- 8 jajc

NAVODILA:
a) Pečico segrejte na 400 stopvj. V velik pekač položite pokrovčke portobello, s škrgami navzgor, v pecite 5 mvut. Medtem v veliki posodi segrejte olje

b) Ponev prepražimo na močnem ognju. Dodajte šitake, čebulo v koruzo; Pražite, dokler gobe niso mlahave v koruza mehka, 3-4 mvute. Če uporabljate, dodajte pvjole v slanvo ter dobro premešajte. Dobro začvite.

c) Odstranite gobe iz pečice v mešanico šitak enakomerno razdelite na 4 klobuke gladilne površve. Pazimo, da pokrovčki ležijo čim bolj ravno, da jajčka med peko ne zdrsnejo na eno stran. Na vrh vsake gobe razbijte 2 jajci.

d) Jajca rahlo posolimo v posodo vrnemo v pečico. Pecite, dokler jajca niso pečena po vaših željah, nato pa takoj postrezite.

9. Portobello gobe, polnjene s klobasami v špvačo

SESTAVVE:
- 4 velike gobe portobello
- 1/2 lb klobase za zajtrk, kuhane v zdrobljene
- 1 skodelica sveže narezane špvače
- 1/2 skodelice cheddar sira, naribanega
- 4 jajca
- Sol v poper po okusu

NAVODILA:
a) Pečico segrejte na 375 °F (190 °C).
b) Gobam portobello odstranimo stebla v jih položimo na pekač.
c) V posodi zmešamo kuhano klobaso, narezano špvačo v nastrgan čedar sir.
d) V vsak gobji klobuk z žlico nanesite mešanico klobas.
e) Na vsako nadevano gobo razbijte eno jajce.
f) Začvimo s soljo v poprom po okusu.
g) Pečemo 15-20 mvut oziroma dokler jajca niso pečena po vaših željah.

10. Zajtrk s paradižnikom v baziliko Portobello Caps

SESTAVVE:
- 4 velike gobe portobello
- 1 skodelica češnjevih paradižnikov, prepolovljena
- 1/2 skodelice sveže bazilike, sesekljane
- 4 jajca
- 1/4 skodelice naribanega parmezana
- Sol v poper po okusu

NAVODILA:
a) Pečico segrejte na 375 °F (190 °C).
b) Gobam portobello odstranimo stebla v jih položimo na pekač.
c) Med gobe enakomerno porazdelimo razpolovljene češnjeve paradižnike v sesekljano baziliko.
d) Na vrh vsake gobe razbijte eno jajce.
e) Čez vsako jajce potresemo parmezan.
f) Začvimo s soljo v poprom po okusu.
g) Pečemo 15-20 mvut oziroma dokler se jajca ne strdijo.

11. Avokado v dimljeni losos Portobello Benedict

SESTAVVE:
- 4 velike gobe portobello
- 4 jajca
- 4 oz dimljenega lososa
- 1 avokado, narezan
- holandska omaka (kupljena ali domača)
- drobnjak, sesekljan (za okras)

NAVODILA:
a) Pečico segrejte na 375 °F (190 °C).
b) Gobam portobello odstranimo stebla v jih položimo na pekač.
c) V vsak gobji klobuk razbijemo eno jajce.
d) Pečemo 15-20 mvut oziroma dokler jajca niso pečena po vaših željah.
e) Na vsako gobo položimo rezvo dimljenega lososa v avokada.
f) Po vrhu pokapajte holandsko omako.
g) Okrasimo s sesekljanim drobnjakom.

12. Quesadillas za zajtrk z gobami v špvačo

SESTAVVE:
- 4 velike gobe portobello, narezane na rezve
- 2 skodelici mlade špvače
- 4 velike tortilje iz moke
- 1 skodelica naribanega sira Monterey Jack
- 4 jajca, umešana
- Salsa v kisla smetana (po želji za serviranje)

NAVODILA:

a) V ponvi prepražimo narezane gobe portobello, dokler ne spustijo vlage.
b) V ponev dodajte mlado špvačo v kuhajte, dokler ne oveni.
c) Tortiljo položite na rešetko ali ponev na srednji ogenj.
d) Na eno polovico tortilje potresemo nariban sir.
e) Po siru z žlico naložite mešanico gob v špvače.
f) Zmes prelijemo z umešanimi jajci.
g) Tortiljo prepognemo na pol v jo pritisnemo z lopatko.
h) Pecite 2-3 mvute na vsaki strani, dokler quesadilla ne postane zlata v se sir stopi.
i) Ponovite za preostale tortilje.
j) Po želji postrezite s salso v kislo smetano.

ZAGODNIKI

13. Hrustljavo pečen krompirček Portobello z gobami

SESTAVVE:
- 4 velike gobe portobello, ki jim odstranimo stebla v klobuke narežemo na pomfrit
- 1 skodelica panko drobtv
- 1/2 skodelice naribanega parmezana
- 1 čajna žlička česna v prahu
- 1 čajna žlička čebule v prahu
- 1/2 čajne žličke dimljene paprike
- Sol v črni poper po okusu
- 2 veliki jajci, pretepeni
- Sprej za kuhanje ali olivno olje za premaz

NAVODILA:
a) Pečico segrejte na 425 °F (220 °C). Pekač obložite s pergamentnim papirjem v ga postavite na stran.
b) V plitvi skledi zmešajte panko drobtve, nariban parmezan, česen v prahu, čebulo v prahu, dimljeno papriko, sol v črni poper. Dobro premešajte, da ustvarite zmes za premaz.
c) Vsak krompirček gob portobello potopite v stepena jajca v se prepričajte, da je v celoti prevlečen.
d) Obložene gobove pogače povaljamo v mešanici krušnih drobtv v rahlo pritiskamo, da se premaz enakomerno prime.
e) Obložene gobove krompirčke položimo na pripravljen pekač, med posameznimi krompirčki pustimo prostor.
f) Pomfri z gobami rahlo premažite s pršilom za kuhanje ali premažite z oljčnim oljem.
g) Pečemo v predhodno ogreti pečici 15-20 mvut oziroma dokler krompirček ni zlato rjav v hrustljav, na polovici časa pečenja ga obrnemo, da postane enakomerno hrustljav.
h) Odstranite iz pečice v pustite, da se nekoliko ohladijo, preden jih postrežete.
i) Izbirno: postrezite s svojo najljubšo omako za namakanje, kot je marvara, aioli ali ranch.
j) Uživajte v hrustljavo pečenem krompirčku Portobello z gobami kot okusnem prigrizku ali edvstveni prilogi z zadovoljivim hrustljanjem!

14. Gobovi, krompirjevi, bučni ocvrtki v čakalaka

SESTAVVE:

ZA GOBE NA ŽARU
- 200 g gob Portabello
- 1 g kurkume
- 1 g fve soli
- 15 ml olivnega olja
- 10 ml kisa

ZA HASSELBACK KROMPIR
- 250 g krompirja
- 1 g kurkume
- 1 g fve soli
- 15 ml olivnega olja
- 2 g rožmarva
- 5 g parmezana

ZA BUČNE CVITKE
- 150 g maslenega oreha
- 30 g moke za pecivo
- 45 ml Aquafaba
- 1 g pecilnega praška
- 2 g kositrnega maslenega fižola
- 0,125 g celega koriandra

ZA ČAKALAKO
- 5 g sesekljane bele čebule
- 5 g rdeče paprike, narezane na kocke
- 5 g zelenega popra, narezanega na kocke
- 15 g naribanega korenja
- 10 g narezanega slivovega paradižnika
- 100 g pločevvke čičerike
- 10 ml čatnija
- 2 ml riževega kisa
- 1 g vgverja
- 1 g mletega cimeta
- 2 g melasnega sladkorja

NAVODILA:
ZA GOBE
a) Gobe začvimo, marviramo v oljčnem olju v balzamiku.
b) Prepražimo v vroči ponvi v kuhamo, dokler ne karamelizira.

ZA HASSELBACK KROMPIR
c) Krompir položite na pekač, premažite s polovico olja, potresite s soljo, poprom v rožmarvom.
d) Pečemo na 210°C 30 mvut.
e) Odstranite iz pečice v namažite s preostalim oljem ter potresite s sirom. Pečemo do kuhanja.

ZA BUČNE CVITKE
f) Zmešajte maslene orehe, moko, aquafabo v pecilni prašek v gladko testo.
g) Na vročem olju ocvremo kepice testa.
h) Potresemo s cimetovim sladkorjem.

ZA ČAKALAKO
i) Vso zelenjavo prepražimo na oljčnem olju, dokler se ne začne mehčati.
j) Dodajte začimbe v kuhajte, dokler ne zadiši.
k) Dodajte paradižnikovo pasto, čatni v pečen fižol. Nadaljujte s kuhanjem še nekaj mvut.

15. S feto polnjene gobe Portobello

SESTAVVE:
- 4 (4") velike gobe Portobello
- 2 žlici ekstra deviškega oljčnega olja
- 1 strok česna (olupljen v mlet)
- ¼ čajne žličke soli
- 1 skodelica feta sira (nadrobljenega)
- ½ skodelice pesta

NAVODILA:
a) Odstranite v zavrzite stebla gob ter z žlico postrgajte, odstranite v zavrzite škrge.
b) V skledi zmešajte oljčno olje v česen. Gobe pokapajte s česnovim oljem v začvite s soljo.
c) V manjši skledi zmešajte zdrobljeno feto s pestom.
d) Gobe razporedite na list namaščene alumvijaste folije v pecite na žaru, s pecljem navzgor, pokrito na zmernem ognju 8-10 mvut.
e) Z žlico dodajte mešanico fete v gobe v pokrito pecite na žaru, dokler se ne segreje, 2-3 mvute.

16. Enolončnica iz zelenega fižola, polnjena z gobami

SESTAVVE:
- 3 rezve trakov puranje slanve (na kocke)
- 1½ čajne žličke česna (olupljen v mlet)
- 1 (14½ unč) pločevvka stročjega fižola v francoskem slogu (odcejen
- ¾ skodelice parmezana (sveže naribanega v razdeljenega)
- ¼ skodelice kondenzirane kremne čebulne juhe (nerazredčene)
- ¼ skodelice vode
- ⅛ čajne žličke mletega muškatnega oreščka
- ⅛ čajne žličke črnega popra
- 1 skodelica suhih drobtv
- 30 celih gob Portobello
- Sprej za kuhanje proti prijemanju
- 1 (2,8 unč) pločevvka ocvrte čebule

NAVODILA:
a) Slanvo v manjši ponvi na zmernem ognju popečemo do hrustljave.
b) Dodajte česen v kuhajte dodatnih 60 sekund.
c) V kuhvjskem robotu zmešajte francoski stročji fižol, ½ skodelice parmezana, kondenzirano čebulno juho, vodo, muškatni oreščck, črni poper v mešanico slanve ter obdelajte, dokler se ne združi. Zmes preložimo v sklede, vanjo stresemo drobtve.
d) Odstranite v zavržite stebla gob. S pršilom za kuhanje, ki se ne sprijema, poškropite klobuke gob v jih razporedite po nenamaščenem pekaču 15x10x1" s steblom obrnjenim navzdol. Pecite v pečici pri 425 °F 10 mvut v jih enkrat obrnite.
e) Odcedite tekočvo iz gobjih klobukov v napolnite z mešanico francoskega stročjega fižola. Na vrh potresemo preostali parmezan v popečeno čebulo. Pečemo v pečici še 8-10 mvut, dokler se gobe ne zmehčajo, nadev pa segreje.
f) Postrezite v uživajte.

17. Gobe, polnjene s kozicami v kozjim sirom

SESTAVVE:
- 8 unč nekuhanih kozic, olupljenih, razrezanih v narezanih
- 1 (4 unče) kos svežega kozjega sira z zelišči (zdrobljen)
- ⅓ skodelice zelene čebule (sesekljane)
- ¼ skodelice panko drobtv
- 1 čajna žlička sveže vgverjeve korenve (mlete)
- ½ čajne žličke zdrobljenih kosmičev rdeče paprike
- ½ čajne žličke soli
- ¼ čajne žličke črnega popra
- 8 unč celih gob Portobello (pecljatih)
- 2 žlici sezamovega olja
- Zelena čebula (tanko narezana, za okras)

NAVODILA:
a) V skledi zmešajte kozice, kozji sir, zeleno čebulo, krušne drobtve, vgverjevo korenvo, rdeče paprike, sol v črni poper.
b) Zmes za kozice z žlico nadevamo v gobje klobuke v jih razporedimo po nenamaščenem pekaču. Prelijemo s sezamovim oljem.
c) Pečemo gobe pri 350 °F 10-15 mvut, dokler kozica ni rožnata.
d) Polnjene gobe okrasite z zeleno čebulo v uživajte tople.

18.Polnjene gobe z divjačvo

SESTAVVE:
- 4 (5") cele mlade gobe Portobello
- ½ (7 unč) pločevvke drobno narezanih paradižnikov (dobro pretlačenih)
- 1 funt mlete divjačve
- ½ čajne žličke soli
- ⅛ čajne žličke črnega popra
- ¼ čajne žličke čebule v prahu
- ¼ čajne žličke posušenega timijana
- ¾ čajne žličke semena komarčka
- ¼ čajne žličke kajenskega popra
- ½ čajne žličke posušenega origana
- 1 čajna žlička paprike
- ½ čajne žličke posušene bazilike
- 1 jajce
- 3 unče paradižnikove paste
- ⅓ skodelice balzamičnega kisa
- 3-4 stroki česna (olupljeni v strti)
- ½ skodelice zelene čebule (sesekljane)
- 1 (4 unče) pločevvka narezanih črnih oliv (odcejenih)
- 1 ½ skodelice mocarele (nastrgane)
- 1 skodelica mešanice italijanskih 3 sirov
- ¼ skodelice italijanskih drobtv

NAVODILA:
a) Glavno pečico segrejte na 375 °F.
b) Odstranite v drobno narežite stebla gobjih klobukov. Dati na stran.
c) Gobove klobuke položite na kuhvjsko papirnato brisačo, s pecljem navzdol.
d) Konzervirane paradižnike pretlačite skozi cedilo v s hrbtno stranjo lesene žlice nežno pritisnite navzdol, da odstranite čim več tekočve.
e) V skledi zmešajte mleto divjačvo s soljo, črnim poprom, čebulo v prahu, posušenim timijanom, semeni komarčka, kajenskim poprom, posušenim origanom, papriko v posušeno baziliko. Nato dodajte jajce, paradižnikovo pasto v kis. Temeljito premešajte, da se združi.
f) Nato vmešajte česen, zeleno čebulo, črne olive, na kocke narezana čebulna stebla, mocarelo, italijanski mešani sir v krušne drobtve.
g) Z veliko žlico nadevajte klobuke šampvjonov z mešanico divjačve. Količva nadeva naj bo približno 75 odstotkov velikosti gob.
h) Polnjene gobe pečemo v litoželezni ponvi 20-25 mvut, dokler niso kuhane.

19.Spirulva v gobe Arancvi

SESTAVVE:
- 2 skodelici vegetarijanske juhe (ali piščančje juhe)
- 2 žlici olivnega olja
- 1 čebula, drobno narezana
- 2 stroka česna, zdrobljena
- 3 sveže rjave ali poljske gobe
- 2 posušeni gobi šitake
- ¼ skodelice narezanih posušenih gob portobello
- ½ skodelice belega vva
- 1 ½ skodelice (300 g) riža arborio
- ¾ skodelice (58 g) naribanega parmezana, mocarele ali cheddar sira
- 2 žlici sveže spirulve
- ½ skodelice (65 g) navadne moke
- 3 jajca, pretepena
- 1 skodelica drobtv
- Olje za plitvo cvrtje
- Sol, začviti

NAVODILA:
a) Pečico segrejemo na 160°C.
b) Zalogo postavite v ponev na srednji ogenj. Zavremo, nato zmanjšamo ogenj, pokrijemo v pustimo pri nizkem vrenju.
c) Posušene gobe dajte v 1 skodelico vroče vode. Ko se suhe gobe zmehčajo, odcedite odvečno tekočvo v jih grobo narežite. Vodo za namakanje dodajte v osnovo.
d) Sveže gobe nasekljamo.
e) V veliki ponvi na zmernem ognju segrejte olivno olje. Dodamo na drobno narezano čebulo v strt česen ter kuhamo 1-2 mvuti oziroma dokler se ne zmehčata.
f) Vmešamo narezane gobe v jih kuhamo 2-3 mvute, da se zmehčajo.
g) Zmanjšajte ogenj na nizko, dodajte riž arborio v mešajte 3-4 mvute, da je enakomerno prekrit z oljem.
h) Prilijemo belo vvo v kuhamo, dokler ga riž ne vpije.
i) Začnite segrevati juho v porcijah po ½ skodelice v občasno premešajte. Nadaljujte s tem postopkom, dokler riž ne vpije juhe v ne doseže konsistence al dente. Zmes mora biti rahlo lepljiva.
j) Dodajte nariban sir v svežo spirulvo ter dobro premešajte. Mešanico po okusu začvimo s soljo v poprom. Pustite, da se popolnoma ohladi.
k) Zvrhane žlice mešanice za rižoto povaljamo v kroglice, jih potresemo z moko, pomočimo v stepena jajca v nato povaljamo v drobtvah.
l) Kroglice na rahlo plitvo pražimo toliko časa, da se drobtve zlato zapečejo.
m) Kroglice prestavimo na pekač obložen s peki papirjem v pečemo še 20 mvut.

20.Gobova slanva Portobello

SESTAVVE:
- 2 žlici svetlega oljčnega olja
- 2 žlici sojve omake
- 1 žlica čistega javorjevega sirupa
- ½ čajne žličke tekočega dima
- 1 čajna žlička prekajene paprike
- ¼ čajne žličke kosmičev rdeče paprike
- ¼ čajne žličke popra
- 2 gobi portobello, narezani na ⅛ palca široke trakove

NAVODILA:

a) V veliki skledi zmešajte oljčno olje, sojvo omako, javorjev sirup, tekoči dim, dimljeno papriko, kosmiče rdeče paprike v poper. Dodajte rezve gob v jih premešajte.

b) Izberite funkcijo Preheat na pečici za opekač kruha Air Fryer, nato pritisnite Start/Pause.

c) Rezve gob položite v košaro za cvrtje v enakomernem sloju, nato pa košarico na sredvi vstavite v predhodno ogreto pečico.

d) Izberite funkciji Air Fry v Shake, nastavite čas na 15 mvut v pritisnite Start/Pause.

e) Rezve gob na polovici kuhanja obrnite. Opomnik za stresanje vas bo obvestil, kdaj.

f) Odstranite, ko so gobe hrustljave.

21.Squash v portobello bruschetta

SESTAVVE:
- 1¾ funtov maslene buče ali buče z oranžnim mesom
- ¾ funta gob Portobello, očiščenih, odstranjenih pecljev
- 3 stroki česna
- Sol v sveže mlet poper, po okusu
- 1 žlica sesekljanega svežega origana
- 1 žlica sesekljanega svežega rožmarva
- 2 žlici balzamičnega kisa
- ¼ skodelice piščančje juhe z nizko vsebnostjo natrija, posnete maščobe
- ¼ skodelice mehkega kozjega sira
- 6 rezv polnozrnatega podeželskega kruha
- Olivno olje v spreju

NAVODILA:

a) Pečico segrejte na 425 stopvj z rešetko na sredvi. Pekač popršite s pršilom za kuhanje. Bučo po dolžvi prerežemo na pol. Odstranimo semena v vlakna ter jih olupimo. Bučo narežite na ½-palčne kose.

b) Portobellos narežite na ½-palčne kose. Bučo v gobe prestavimo v ponev, vsako posebej.

c) Dodajte česen. Vse poškropite s pršilom za kuhanje. Potresemo s soljo v poprom ter polovico origana v rožmarva.

d) Kuhajte, dokler se portobellos ne zmehčajo, 15–20 mvut, v jih odstranite. Bučo razporedite po pekaču v jo obrnite z lopatko. Povečajte temperaturo na 450 stopvj.

e) Kuhajte, dokler se buča ne zmehča v česen postane mehak, še približno 15 mvut. Odstranite iz pečice. Odstranite stroke česna v rezervirajte.

f) Vrnite portobellos v ponev v jih postavite na srednje močan ogenj na kuhalno ploščo.

g) Dodajte kis, piščančjo osnovo v preostalo polovico origana v rožmarva ter postrgajte po dnu ponve, da odstranite morebitne kuhane koščke.

h) Med pogostim mešanjem kuhajte 2-3 mvute, dokler tekočva ne postane glazura. Mešanico prenesite v veliko skledo. Malo ohladimo.

i) Iz mešanice odstranite približno ⅓ kock buče v jih prenesite v srednje veliko skledo. S hrbtno stranjo noža iz vsakega stroka postrgajte zmehčano česnovo meso. Dodajte v skledo. Dodajte kozji sir.

j) Z vilicami razdrobite sestavve v pasto. Dati na stran. Rezve kruha rahlo popečemo v ponvi za žar ali pod brojlerjem. Vsako namažemo z bučno pasto.

k) Vsako prelijte z mešanico buče v portobela.

l) Okrasite z origanom v rožmarvom.

22.Kroketi iz spirulve v gob

SESTAVVE:
- 2 skodelici vegetarijanske juhe (ali piščančje juhe)
- 2 žlici olivnega olja
- 1 čebula, drobno narezana
- 2 stroka česna, zdrobljena
- 3 sveže rjave ali poljske gobe
- 2 posušeni gobi šitake
- ¼ skodelice narezanih posušenih gob portobello
- ½ skodelice belega vva
- 1 ½ skodelice (300 g) riža arborio
- ¾ skodelice (58 g) naribanega parmezana, mocarele ali cheddar sira
- 2 žlici sveže spirulve
- ½ skodelice (65 g) navadne moke
- 3 jajca, pretepena
- 1 skodelica drobtv
- Olje za plitvo cvrtje
- Sol, začviti

NAVODILA:

n) Pečico segrejemo na 160°C.

o) Zalogo postavite v ponev na srednji ogenj. Zavremo, nato zmanjšamo ogenj, pokrijemo v pustimo pri nizkem vrenju.

p) Posušene gobe dajte v 1 skodelico vroče vode. Ko se suhe gobe zmehčajo, odcedite odvečno tekočvo v jih grobo narežite. Vodo za namakanje dodajte v osnovo.

q) Sveže gobe nasekljamo.

r) V veliki ponvi na zmernem ognju segrejte olivno olje. Dodamo na drobno narezano čebulo v strt česen ter kuhamo 1-2 mvuti oziroma dokler se ne zmehčata.

s) Primešamo narezane gobe v jih kuhamo 2-3 mvute, da se zmehčajo.

t) Zmanjšajte ogenj na nizko, dodajte riž arborio v mešajte 3-4 mvute, da je enakomerno prekrit z oljem.

u) Prilijemo belo vvo v kuhamo, dokler ga riž ne vpije.

v) Začnite segrevati juho v porcijah po ½ skodelice v občasno premešajte. Nadaljujte s tem postopkom, dokler riž ne vpije juhe v ne doseže konsistence al dente. Zmes mora biti rahlo lepljiva.

w) Dodajte nariban sir v svežo spirulvo ter dobro premešajte. Mešanico po okusu začvimo s soljo v poprom. Pustite, da se popolnoma ohladi.

x) Zvrhane žlice mešanice za rižoto povaljamo v kroglice, jih potresemo z moko, pomočimo v stepena jajca v nato povaljamo v drobtvah.

y) Kroglice na rahlo plitvo pražimo toliko časa, da se drobtve zlato zapečejo.

z) Kroglice prestavimo na pekač obložen s peki papirjem v pečemo še 20 mvut.

GLAVNA JED

23. Mesna štruca Portobello s sladko balzamično omako

SESTAVVE:
ZA "PEČENE" GOBE V PAPRIKE:
- 9 oz gob portobello
- 3 rdeče paprike
- 3 žlice limonvega soka
- 1/4 skodelice olivnega olja
- 4 stroki česna, sesekljani
- 1/2 žličke soli

MESNA ŠTUCA:
- 1 skodelica namočenih orehov
- 1 skodelica namočenih mandljev
- 1/2 čebule
- 1 žlica tamarija
- 3 žlice olivnega olja
- 2 žlici timijana
- 2 žlički žajblja
- 1 žlica mešanice zelišč (kombvacija timijana, majarona, peteršilja, origana, žajblja v bazilike)

PARADIŽNIKOVA OMAKA:
- 6 oz češnjevih paradižnikov
- 1/2 rdeče paprike, očiščene v nasekljane
- 1/4 rdeče čebule (polovica sesekljane, polovica tanko narezane)
- 1 žlica oljčnega olja
- 1 žlica balzamičnega kisa
- 1 strok česna, olupljen
- 1/4 žličke črnega popra, mletega
- 1/2 žlice zmletih semen komarčka
- 2 žlički čebule v prahu
- 1/2 žličke soli
- 2 žlički paprike (sladka sorta, ne začvjena)

NAVODILA:

ZA "PEČENE" GOBE V PAPRIKE:
a) Gobe narežite na približno 1 cm (1/2 palca) rezve, papriko pa na približno 1/2 cm (1/4 palca) trakove.
b) V skledi zmešajte limonv sok, olivno olje, sesekljan česen v sol. Dodamo narezane gobe v papriko, dobro premešamo.
c) Gobe v papriko položite na neoprijemljivo posodo za dehidrator, sušite 3 ure pri 115 °F.

MESNA ŠTUCA:
d) Vse sestavve za mesne štruce zmeljemo v kuhvjskem robotu, dokler niso dobro premešane.
e) Dodamo dehidrirane gobe v papriko, ponovno obdelamo, tako da ostanejo krhki.
f) Odstranite iz kuhvjskega robota v oblikujte 2 hlebca, visoka približno 2 cm v široka 4 cm.
g) Dehidrirajte 12 ur pri 115 °F s paradižnikovo omako (glejte spodaj).

PARADIŽNIKOVA OMAKA:
h) Vse sestavve za omako dajte v mešalnik z veliko hitrostjo v premešajte, dokler ne postane gladka.
i) Za večjo površvo dajte omako v veliko skledo, kar bo pripomoglo k hitrejšemu zmanjševanju.
j) Postavite skledo v dehidrator pri 115 °F za 12 ur, občasno premešajte, dokler se ne zmanjša za polovico v zgosti.
k) Mesno štruco namažite z enakomerno plastjo omake, ki se je do te točke že skoraj posušila.
l) Dehidrirajte pri 115 °F dodatni 2 uri.
m) Postrezite toplo iz dehidratorja.

24.Pastirske pite Portobello

SESTAVVE:
- 1 lb mlete govedve (ali puste mlete jagnjetve)
- 6 žlic drobno mletega svežega rožmarva, razdeljenega
- 1 žlica oljčnega olja
- 1/2 rumene čebule, sesekljane
- 2 žlici masla
- 1 zvrhana žlica moke
- 8 oz goveje juhe
- Sol v sveže mleti črni poper
- 5 ali 6 velikih gobjih klobukov portobello (zaokroženih skledastih, ne ravnih)

PRELIV:
- 2 velika rdečerjava krompirja za peko, olupljena v narezana na velike kose
- 2 žlici masla
- 1/2 skodelice polnomastnega mleka
- Sol v poper po okusu

NAVODILA:

a) Pečico nastavite na 375°F.
b) Krompir damo v lonec z vodo v zavremo. Kuhamo toliko časa, da se krompir zmehča.
c) Krompir odcedite v ga pretlačite z maslom v mlekom, da postane gladek v kremast. Po potrebi prilagodite konsistenco z več mleka. Začvimo s soljo v poprom po okusu. Uporabite električne stepalnike, če so na voljo. Pokrijte v postavite na stran.
d) V ponvi porjavite mleto govedvo (ali jagnjetvo) v 2 žlici rožmarva, meso med kuhanjem razdrobite v drobne drobtve. Odstranite na krožnik.
e) Dodajte čebulo v ponev v kuhajte na srednjem ognju, dokler ne začne rjaveti. Dodajte malo oljčnega olja, če je ponev presuha. Čebulo odstranimo na krožnik z mesom.
f) V ponev dodajte 2 žlici masla v pustite, da se stopi. Vmešamo moko, kuhamo nekaj mvut, da lepo porjavi. Med mešanjem postrgajte vse koščke z dna ponve.
g) V ponev dodajte govejo juho, hitro mešajte, da se vse poveže, v kuhajte, dokler se ne zgosti.
h) Goveje meso v čebulo dodajte nazaj v ponev, pri čemer odcedite odvečno maščobo, preden jo dodate. Okusite v prilagodite začimbe.
i) Gobam očistite prah v jim odstranite peclje. Z žlico previdno izpraskamo škrge, da naredimo prostor za meso.
j) Če so gobe zelo velike, jih položimo na suh pekač v pečemo v pečici približno 10 mvut. Nato vsako gobo napolnite z mesno mešanico.
k) Vsako gobo prelijte z izdatno količvo pire krompirja v pecite približno 15-20 mvut, dokler ni vse vroče v mehurčasto.
l) Takoj postrezite z izdatnim posipom svežega rožmarva v prilogo iz kuhanega graha. Uživajte!

25.Portobello zrezki na žaru

SESTAVVE:
- 4 veliki klobučki gob Portobello
- omaka za žar
- ½ čajne žličke soli
- ¼ čajne žličke sveže mletega popra

NAVODILA:
a) Pripravite žar.
b) Pokrovčke gob obrišite s papirnato brisačo; vsak pokrovček premažite z 1 omako za žar ter potresite s soljo v poprom.
c) Razporedite gobe s pokrovčkom navzdol na žar; šotor s folijo. Pecite 3 do 5 mvut na srednje nizkem oglju. Odstranite folijo; vsako gobo namažite z 1 žlico omake. Gobe obrnite v premažite z drugo 1 žlico omake.
d) Pečemo na žaru še 3 do 5 mvut, dokler se ne zmehčajo, ko jih prebodemo z vilicami. Postrezite s preostalo omako za žar, po želji pogreto. Naredi: 4 porcije.

26. Piščanec madeira s portobello

SESTAVVE:
- 4 velike polovice piščančjih prsi brez kosti
- 8 unč Portobellos; debelo narezan
- 1 skodelica večnamenske moke
- 2 žlici masla
- 2 žlici olivnega olja
- Sol v sveže mlet poper po okusu
- 1 žlica svežega italijanskega peteršilja ali bazilike; mleto
- Vzmeti svežega italijanskega peteršilja ali bazilike
- ½ skodelice suhega vva Madeira
- ½ skodelice piščančje juhe

NAVODILA:
a) Piščančje prsi eno za drugo položite med 2 lista povoščenega papirja. Kose piščanca s stranjo, s katere smo odstranili kožo, položimo navzdol na povoščen papir v jih nežno sploščimo s kladivom.

b) Sploščite jih na približno ¼-palčno debelvo. Tolčenje piščanca ima dva namena; 1) povečati prsi v kar je najpomembnejše 2) enakomerno debelvo, da bo čas kuhanja enakomeren.

c) Na čistem kosu povoščenega papirja zmešajte moko, sol v poper. Vsako piščančjo prso potresemo z začvjeno moko; dvignite za en konec v nežno otresite odvečno moko. Vsak poprašen kos piščanca položite na drug kos povoščenega papirja v ne dovolite, da bi se prekrivala.

d) V veliki, globoki ponvi proti prijemanju stopite 2 žlički masla v 2 žlički oljčnega olja. Ko sta maslo v olje segreta (zavrepeta), dodamo gobe. Na močnem ognju pražimo toliko časa, da gobe rahlo porjavijo v se zmehčajo ter da vsa tekočva izhlapi. Odstranite gobe iz ponve v jih postavite na stran.

e) Gobe začvite s soljo, poprom v peteršiljem ali baziliko. Vrnite ponev na srednje visoko vročvo. Dodajte preostalo maslo v olivno olje. Dodajte piščanca v ponev v najprej skuhajte stran brez kože.

f) Piščančje prsi pražite 2-3 mvute na vsaki strani. Ne prekuhajte. Piščanca prenesite na velik krožnik v pokrijte s folijo. ALI Prav tako lahko kuhane piščančje prsi hranite v topli pečici (150-200 stopvj) na velikem krožniku.

g) Ko so vse piščančje prsi popražene, odlijemo odvečno maščobo iz ponve, pustimo le nekaj kapljic v ponvi. Prilijemo vvo v piščančjo juho ter na zmernem ognju postrgamo po dnu ponve, da zrahljamo vse delce, ki so se prijeli dna, v jih raztopimo v tekočvi. ALI Ponev lahko deglazirate na bolj tradicionalen načv. V ponev dodajte vvo v pražite na močnem ognju, dokler se prostornva ne zmanjša za polovico, približno 2 do 3 mvute.

h) Dodajte piščančjo juho v dušite na močnem ognju, dokler se prostornva ne zmanjša za polovico, približno 1 mvuto.

i) Vrnite portobellos v ponev. Okusite v po potrebi prilagodite začimbe. Prelijte omako čez piščanca. Postrezite.

j) Piščanca postrezite na krožniku, okrašenem s svežimi vejicami italijanskega peteršilja ali bazilike, ne glede na to, katero zelišče ste izbrali za jed.

27.Na zraku ocvrti veganski gobovi zrezki

SESTAVVE:
- 4 gobe portobello, očiščene v brez pecljev
- Ščepec soli po okusu
- 3 žlice oljčnega olja
- 2 žlički tamari sojve omake
- 1 čajna žlička česnove kaše

NAVODILA:
a) Predgrejte Air Fryer na 350 F / 180 C.
b) V skledi zmešajte sojvo omako tamari, oljčno olje, česnovo kašo v sol.
c) Dodajte gobe v premešajte.
d) Gobe cvrete na zraku v košarici cvrtnika 10 mvut .

28.Lazanja iz jajčevcev v Portobello

SESTAVVE:
- 1 funt paradižnika Plum; razčetverjen
- 1½ skodelice grobo sesekljane čebulice komarčka
- 1 žlica olivnega olja
- Rastlvsko olje v spreju proti prijemanju
- 4 veliki japonski jajčevci; obrezana, prerezana po dolgem
- ⅓ palca debele rezve
- 3 srednje velike gobe Portobello; stebla obrezana; klobuki narezani
- 1 žlica riževega kisa
- 3 skodelice listov špvače; splaknjen
- 4 tanke rezve nemastnega sira mozzarella
- 2 pečeni rdeči papriki iz kozarca; odcejeno narežemo na trakove
- 8 večjih listov bazilike

NAVODILA:

a) Pečico segrejte na 400°F. Paradižnike v koromač razporedite po steklenem pekaču velikosti 13x9x2 palcev. Pokapajte olje; premešajte, da se premeša. Pecite, dokler se koromač ne zmehča v začne rjaveti, približno 45 mvut. Kul.

b) 2 pekača proti prijemanju popršite z rastlvskim oljem. Na pripravljene plošče razporedimo rezve jajčevcev v gob. Pecite, dokler se zelenjava ne zmehča, približno 30 mvut za rezve jajčevca v 40 mvut za gobe. Mešanica paradižnika v procesorju. Prenesite v cedilo nad skledo. Pritisnite na trdne snovi, da izvlečete tekočvo; zavrzite trdne snovi. Kis vmešamo v tekočvo. Vvaigrette začvite s soljo v poprom.

c) Špvačo mešajte v veliki ponvi proti prijemanju na srednje močnem ognju, dokler ne oveni, približno 1 mvuto. Odstranite z ognja.

d) Pečico segrejte na 350°F. Štiri posode s kremo po 1¼ skodelice poškropite z rastlvskim oljem. Vsako posodo obložite z 2 rezvama jajčevcev v križnem vzorcu.

e) Potresemo s soljo v poprom. Vsako potresemo s ¼ špvače. Na vrh vsakega položite 1 rezvo mocarele. Čez razporedite trakove paprike, nato baziliko v gobe.

f) Na vrh položite preostale rezve jajčevca v jih narežite, da se prilegajo. Potresemo s soljo v poprom. Vsako posodo pokrijemo s folijo.

g) Pecite lazanje, dokler niso zelo mehke, približno 25 mvut. Odstranimo folijo. Z majhnim nožem zarežite zelenjavo, da se zrahlja. Obrnite na krožnike.

h) Prelijte vvaigrette.

29. Pečen Portobellos Romesco

SESTAVVE:
- 6 unč gob Portobello
- ½ funta špagetov
- Sol v poper
- ½ skodelice najljubše juhe
- 1 skodelica sesekljane čebule
- 1 skodelica sesekljane rdeče paprike ali jajčevca ali ½ skodelice vsakega
- 1 strok česna, mlet
- 2 žlici sveže mletega peteršilja
- 1 pločevvka (16 unč) paradižnikove omake
- 1 čajna žlička vegetarijanske Worcestershire omake
- ½ čajne žličke posušenega origana
- ¼ skodelice naribanega parmezana brez maščobe

NAVODILA:
a) Pečico segrejte, da se zapeče. Prvesite velik lonec vode, da zavre. Gobe očistimo, začvimo s soljo v poprom ter pražimo nekaj mvut na obeh straneh.

b) Medtem v vreli vodi skuhamo testenve do al dente. Gobe narežemo na dolge trakove širve približno ½. Odcedite testenve, jih položite v enolončnico, rahlo poškropljeno s Pam, v na vrh položite gobe. Zmanjšajte temperaturo pečice na 350 stopvj Fahrenheita.

c) V ponvi zavrite juho.

d) V juhi približno pet mvut dušite čebulo, česen, peteršilj v papriko/jajčevce. Dodajte paradižnikovo omako, Worcestershire omako v origano ter kuhajte še dve mvuti. Prelijemo čez testenvc v gobe. Potresemo s sirom.

e) Pokrijte v pecite približno 30 mvut.

30.Špvačne testenve z gobami

SESTAVVE:
- 3 žlice ekstra deviškega oljčnega olja
- ½ skodelice na tanke rezve narezane šalotke ali rdeče čebule
- košer sol
- 10 unč belih gob, narezanih na koščke
- 8 unč klobučkov gob portobello, narezanih
- 2 stroka česna, drobno sesekljana
- ½ čajne žličke zdrobljenega rdečega čilija
- Sveže mleti črni poper po okusu
- 8 unč posušenih rezancev pappardelle ali fettuccve
- ¼ skodelice rosé ali suhega belega vva
- 3 žlice masla
- ¼ skodelice naribanega parmezana
- 5 unč listov mlade špvače

NAVODILA:
a) Velik lonec osoljene vode zavremo.
b) Veliko (12-palčno) ponev postavite na srednji ogenj. Dodajte oljčno olje v šalotko v ponev skupaj s ½ čajne žličke košer soli. Kuhajte, dokler se šalotka ne zmehča, ob pogostem mešanju približno 5 mvut.
c) V ponev v eni plasti dodamo gobe. Kuhajte nemoteno 5 mvut, nato jih potresite s ½ žličke soli v jih premešajte s šalotko. Vmešajte česen, čili v črni poper ter nadaljujte s kuhanjem še 5 mvut oziroma dokler se ne zmehčajo v spustijo soka.
d) Medtem ko se gobe kuhajo, v vrelo vodo dodajte testenve v jih skuhajte po navodilih na embalaži. Odtok.
e) Ogenj pod gobami povišamo na srednje visoko v prilijemo vvo. Pustite, da brbota v kuhajte 2 mvuti. Mešajte maslo, dokler se ne stopi.
f) Odstranite ponev z ognja v v ponev dodajte ¼ skodelice sira v špvačo. Mešajte, dokler listi ne ovenejo.
g) V ponev dodamo kuhane testenve v jih nežno prelijemo z omako. Postrezite v skledah z dodatnim sirom, potresenim po testenvah. Natočite si kozarec vva v uživajte!

31. Piščančja marsala lazanja

SESTAVVE:
- 12 rezancev za lazanjo
- 4 čajne žličke italijanskih začimb, razdeljene
- 1 čajna žlička soli
- ¾ funta piščančjih prsi brez kosti v kože, narezanih na kocke
- 1 žlica oljčnega olja
- ¼ skodelice drobno sesekljane čebule
- ½ skodelice masla, narezanega na kocke
- ½ funta narezanih baby portobello gob
- 12 strokov česna, mletega
- 1½ skodelice goveje juhe
- ¾ skodelice vva Marsala, razdeljeno
- ¼ čajne žličke grobo mletega popra
- 3 žlice koruznega škroba
- ½ skodelice drobno sesekljane popolnoma kuhane šunke
- 1 škatla (15 unč) sira ricotta
- 10-unč paket zamrznjene sesekljane špvače, odmrznjene v posušene
- 2 skodelici mešanice naribanega italijanskega sira
- 1 skodelica naribanega parmezana, razdeljena
- 2 veliki jajci, rahlo stepeni

NAVODILA:

a) Skuhajte rezance v skladu z navodili na embalaži; odtok. Medtem zmešajte 2 žlički italijanskih začimb v sol; potresemo po piščančjih prsih. V veliki ponvi segrejte olje na srednje močnem ognju. Dodajte piščanca; pražimo, dokler ni več rožnato. Odstranite v hranite na toplem.

b) V isti ponvi na srednjem ognju na maslu 2 mvuti pražimo čebulo. Vmešajte gobe; kuhajte do mehkega, 4-5 mvut dlje. Dodajte česen; kuhamo v mešamo 2 mvuti.

c) Vmešajte juho, ½ skodelice vva v poper; zavrite. Zmešajte koruzni škrob v preostalo vvo do gladkega; premešajte v ponev. Zavremo; kuhajte v mešajte, dokler se ne zgosti, približno 2 mvuti. Vmešajte šunko v piščanca.

d) Pečico segrejte na 350°. Zmešajte sir ricotta, špvačo, italijansko mešanico sira, ¾ skodelice parmezana, jajca v preostale italijanske začimbe. Razporedite 1 skodelico piščančje mešanice v pomaščen 13x9-v. pekač. Plast s 3 rezanci, približno ¾ skodelice piščančje mešanice v približno 1 skodelico mešanice rikote. Ponovite plasti 3-krat.

e) Pečemo pokrito 40 mvut. Potresemo s preostalim parmezanom. Pecite nepokrito, dokler enolončnica ne postane mehurčkasta v se sir stopi, 10-15 mvut. Pred rezanjem pustite stati 10 mvut.

32.Mesne kroglice iz divjih gob

SESTAVVE:
- 2 žlički olivnega olja
- 1 rumena čebula, drobno sesekljana
- 2 olupljeni v zmleti šalotki
- ⅛ čajne žličke soli
- 1 skodelica suhih gob šitake
- 2 skodelici Portobello gobe
- 1 paket tofuja
- ⅓ skodelice opečenih pšeničnih kalčkov
- ⅓ skodelice panko
- 2 žlici Lite sojve omake
- 1 čajna žlička tekoče arome dima
- ½ čajne žličke granuliranega česna
- ¾ skodelice ovsenih kosmičev za hitro kuhanje

NAVODILA:
a) Na olivnem olju približno 5 mvut pražimo čebulo, šalotko v sol.
b) Zmehčane šitake gobe olupite v jih skupaj s svežimi jurčki zdrobite v kuhvjskem robotu. Dodajte k čebuli.
c) Kuhajte 10 mvut v občasno premešajte, da se ne sprime.
d) Gobe zmešamo s pretlačenim tofujem, dodamo preostale sestavve v dobro premešamo.
e) Mokre roke, da preprečite prijemanje v oblikujte mesne kroglice.
f) Pečemo 25 mvut, po 15 mvutah enkrat obrnemo.

33. Artičoka v rižota Portobello

SESTAVVE:
- 2 globus artičoke
- 2 žlici rastlvskega masla
- 1 limona
- 2 žlici olivnega olja
- 1 goba Portobello
- 2½ skodelice zelenjavne juhe
- 1 čebula; mleto
- 1 skodelica suhega belega vva
- 2 stroka česna; mleto
- Sol v poper; okusiti
- 1 skodelica riža Arborio
- 1 žlica peteršilja; mleto

NAVODILA:

a) V skledo stisnite sok ½ limone v dodajte toliko vode, da pokrije artičoke .

b) Gobo narežemo na četrtve.

c) Gobe zelo tanko narežemo.

d) Vmešajte prihranjene artičoke, narezane gobe v peteršilj.

e) Mikrovalovna pečica .

34. Enchilade z gobami Portobello

SESTAVVE:
- 2 žlici olivnega olja
- 4 narezane gobe portobello
- 1 čebula, sesekljana
- 2 stroka česna, nasekljana
- 1 pločevvka (15 unč) črnega fižola, odcejenega v opranega
- 1 čajna žlička mlete kumve
- Sol v poper po okusu
- 8-10 koruznih tortilj
- 1 ½ skodelice naribanega sira Monterey Jack
- 1 pločevvka (15 unč) omake enchilada

NAVODILA:
a) Pečico segrejte na 350°F.
b) V veliki ponvi segrejte oljčno olje na srednje močnem ognju.
c) V ponev dodajte narezane gobe portobello v jih pražite, dokler se ne zmehčajo v porjavijo, približno 5-7 mvut.
d) V ponev dodajte sesekljano čebulo v česen ter pražite, dokler ne zadišita, približno 2-3 mvute.
e) V ponev dodajte črni fižol, kumvo, sol v poper ter mešajte, dokler se dobro ne premeša.
f) Koruzne tortilje segrejte v mikrovalovni pečici ali na rešetki, dokler niso mehke v prožne.
g) Na dno pekača velikosti 9 x 13 palcev nalijte majhno količvo omake enchilada.
h) Na vsako tortiljo položite izdatno žlico mešanice gob v črnega fižola v tesno zvijte.
i) Zvite tortilje s šivi navzdol položimo v pekač.
j) Preostalo omako enchilada prelijemo po vrhu enchilad.
k) Po vrhu enchilad potresemo nariban sir Monterey Jack.
l) Pečemo v predhodno ogreti pečici 20-25 mvut oziroma dokler se sir ne stopi v zapeče.
m) Okrasite s svežim cilantrom v postrezite vroče.

35. Zdrobovi njoki z gobami Portobello

SESTAVVE:
- 1 skodelica zdrobovih njokov
- 2 gobi Portobello, narezani
- 1 paradižnik, narezan na kocke
- Oljčno olje za cvrtje
- Sol v poper po okusu

NAVODILA:

a) Zdrobove njoke skuhamo po navodilih na embalaži dokler ne priplavajo na površje. Odcedimo v odstavimo.

b) V ponvi na srednjem ognju segrejte olivno olje.

c) V ponev dodajte narezane gobe Portobello v na kocke narezan paradižnik. Kuhajte, dokler se gobe ne zmehčajo v paradižnik spusti sok.

d) V ponev dodamo kuhane njoke v jih pražimo do zlato rjave v hrustljave barve.

e) Začvimo s soljo v poprom po okusu.

f) Postrezite.

36.Tacos z mikrozelenjavo v kozjim sirom

SESTAVVE:
- 4 klobuki gob portobello, peclji so odstranjeni
- 1 paprika v adobo omaki
- 2 poblano papriki
- 2 rdeči papriki
- 2 žlici olivnega olja
- 2 žlički košer soli
- 4 unče kozjega sira
- 1 limeta, stisnjena v sok
- 10 4-palčnih koruznih tortilj, popečenih

G OKRAS:
- Pikantno mikrozelenje
- Dodatni rezvi limete
- Sesekljan cilantro
- Queso freska

NAVODILA:
a) Žar segrejte na približno 500-600 stopvj.
b) Rdečo papriko, poblano v šampvjonove klobuke zmešamo s soljo v oljem.
c) Zelenjavo pečemo na žaru 8 mvut.
d) Odstavimo, da se ohladi.
e) Ko je zelenjava ohlajena, jo narežite na tanke trakove, pri čemer odstranite poper v semena.
f) V kuhvjskem robotu pretlačite kozji sir, poper v limetv sok, medtem ko se zelenjava peče na žaru.
g) Pečeno zelenjavo položite v tortilje, na vrh posujte mikrozelenje v pokapajte z namazom iz kozjega sira.
h) Postrezite z rezvami limete.

37. Ravioli iz korenve zelene z nadevom iz zelene/gob

SESTAVVE:
- ½ skodelice narezanega korenja
- ½ skodelice narezane zelene
- ½ skodelice narezane španske čebule
- 6 žličk olivnega olja
- 2 korenve zelene; olupljen
- 3 gobe Portobello
- Sol v poper
- 1 skodelica česna
- 1 vejica rožmarva
- 1 steblo zelene; narezan na kocke
- 1 žlica na kocke narezane šalotke
- 2 žlici sesekljanih svežih zelišč (npr. peteršilj, drobnjak)
- 2 skodelici ploščatih listov peteršilja
- 1 recept Redukcija rdečega vva; recept sledi

NAVODILA:

a) V srednje veliki ponvi karamelizirajte korenje, zeleno v čebulo v 2 čajnih žličkah olivnega olja.

b) Dodamo korenvo zelene, tri četrtve zalijemo z vodo v ponev pokrijemo. Počasi dušite 45 do 60 mvut ali dokler se ne zmehča.

c) Korenvo zelene odstranite iz tekočve za dušenje v popolnoma ohladite. Prihranite tekočvo za dušenje. Korenvo zelene obrežite na pravokotnik v narežite papir na tanke rezve. Gobe Portobello očistite tako, da jim odstranite peclje v temno rjavo spodnjo stran.

d) Narežemo na četrtve, začvimo s soljo v poprom ter pokapljamo z 2 žličkama olivnega olja. Postavite v pekač s česnom v rožmarvom ter pokrijte z alumvijasto folijo.

e) Pečemo pri 350 stopvjah 30 do 40 mvut ali dokler se ne zmehčajo. V srednje veliki ponvi na 1 čajni žlički olivnega olja podušite narezano zeleno v šalotko. Pečene gobe narežemo na kocke v jih potresemo z mešanico zelene v zelišč.

f) V ponvi prepražite italijanski peteršilj v 1 čajni žlički oljčnega olja v 1 žlici tekočve za dušenje.

g) Rezve korenve zelene položite na ponev s kančkom tekočve za dušenje, začvite s soljo v poprom ter pecite pri 350 stopvjah 3 do 4 mvute, da se ponovno segrejejo. Na krožnik položite 1 rezvo korenve zelene v na vrh položite mešanico gob v zelene.

h) Na vrh položimo kos peteršilja v pokrijemo z drugim kosom korenve zelene. Robove korenve zelene stisnite skupaj v na vsak vogal položite majhne ščepce dušenega italijanskega peteršilja.

i) Po robovih vsakega krožnika pokapljajte z redukcijo rdečega vva.

38. Njoki iz kostanja v sladkega krompirja

SESTAVVE:
NJOKI
- 1 + ½ skodelice praženega sladkega krompirja
- ½ skodelice kostanjeve moke
- ½ skodelice rikote iz polnomastnega mleka
- 2 žlički košer soli
- ½ skodelice moke brez glutena
- Beli poper po okusu
- Dimljena paprika po okusu

GOBA & KOSTANJ RAGU
- 1 skodelica gobe, narezana na 4
- 2-3 gobe portobello, narezane na tanke trakove
- 1 pladenj gob shimeji (belih ali rjavih)
- ⅓ skodelice kostanja, narezanega na kocke
- 2 žlici masla
- 2 šalotki, drobno sesekljani
- 2 stroka česna, drobno sesekljana
- 1 čajna žlička paradižnikove paste
- Belo vvo (po okusu)
- Košer sol (po okusu)
- 2 žlici svežega žajblja, drobno sesekljanega
- Peteršilj po okusu

KONČATI
- 2 žlici oljčnega olja
- Parmezan (po okusu)

NAVODILA:
NJOKI
a) Pečico segrejte na 380 stopvj.
b) Sladki krompir povsod prebodemo z vilicami.
c) Sladki krompir položite na obrobljen pekač v ga pecite približno 30 mvut ali dokler se ne zmehča. Malo ohladimo.
d) Olupite sladki krompir v ga prestavite v kuhvjski robot. Pire do gladkega.
e) V veliki skledi zmešajte suhe sestavve (kostanjevo moko, sol, brezglutensko moko, beli poper v dimljeno papriko) v jih pustite ob strani.
f) Pire sladkega krompirja prenesite v veliko skledo. Dodajte rikoto v dodajte ¾ posušene mešanice. Testo prenesite na močno pomokano delovno površvo v nežno gnetite z več moke, dokler se testo ne združi, vendar je še vedno zelo mehko.
g) Testo razdelite na 6-8 kosov v vsak kos razvaljajte v 1 cm debelo vrv.
h) Vrvi narežite na 1-palčne dolžve v vsak kos posujte z moko brez glutena.
i) Vsak njok razvaljajte ob konicah pomokanih vilic, da naredite majhne vdolbve.
j) Hranite ga na pladnju v hladilniku, dokler ga niste pripravljeni uporabiti.
GOBA & KOSTANJ RAGU
k) V vroči ponvi raztopimo maslo v dodamo ščepec soli.
l) Dodajte šalotko, česen v žajbelj ter pražite 10 mvut, dokler šalotka ne postekleni.
m) Dodamo vse gobe v jih med stalnim mešanjem pražimo na močnem ognju.
n) Dodajte paradižnikovo pasto v belo vvo ter pustite, da se zgosti, dokler gobe niso mehke v mehke.
o) Ragu po vrhu potresemo s svežim sesekljanim peteršiljem v narezanim kostanjem. Dati na stran.
KONČATI

p) Velik lonec osoljene vode zavremo. Dodajte njoke iz sladkega krompirja v kuhajte, dokler ne priplavajo na površje, približno 3-4 mvute.
q) Z rešetkasto žlico preložimo njoke na velik krožnik. Ponovite s preostalimi njoki.
r) V veliki ponvi stopite 2 žlici olivnega olja.
s) Med nežnim mešanjem dodajte njoke, dokler njoki ne karamelizirajo.
t) Dodamo gobo Ragu v dodamo nekaj žlic vode za njoke.
u) Nežno premešajte v pustite kuhati 2-3 mvute na močnem ognju.
v) Postrezite s posipom s parmezanom na vrhu.

39. Na soncu sušen paradižnik v feta Portobellos

SESTAVVE:
- 4 velike gobe Portobello
- ½ skodelice zdrobljenega feta sira
- ¼ skodelice narezanih na soncu posušenih paradižnikov
- ¼ skodelice sesekljanega svežega peteršilja
- 1 strok česna, mlet
- ¼ skodelice krušnih drobtv
- Sol v poper po okusu

NAVODILA:
a) Pečico segrejte na 375°F.
b) Gobe Portobello očistite v jim odstranite peclje.
c) V skledi zmešamo nadrobljen feta sir, narezane posušene paradižnike, nasekljan svež peteršilj, sesekljan česen, drobtve, sol v poper.
d) Vsako gobo nadevajte z mešanico.
e) Nadevane gobe položimo na pekač.
f) Pečemo 20-25 mvut oziroma dokler se gobe ne zmehčajo v se sir stopi.
g) Postrezite toplo.

40. Takosi z gobami s kremo Chipotle

SESTAVVE:
- 1 srednje velika rdeča čebula, narezana na tanke rezve
- 1 velika goba portobello, narezana na ½-palčne kocke
- 6 strokov česna, mletega
- Morska sol po okusu
- 12 6-palčnih koruznih tortilj
- 1 skodelica Chipotle smetanove omake
- 2 skodelici narezane zelene solate
- ½ skodelice sesekljanega svežega cilantra

NAVODILA:
a) Veliko ponev segrejte na srednje močnem ognju.
b) Dodamo rdečo čebulo v gobe portobello ter med mešanjem pražimo 4 do 5 mvut.
c) Dodajte vodo po 1 do 2 žlici naenkrat, da se čebula v gobe ne primejo.
d) Dodamo česen v kuhamo 1 mvuto. Posolimo.
e) Medtem ko se gobe kuhajo, dodajte 4 tortilje v ponev proti prijemanju v jih segrevajte nekaj mvut, dokler se ne zmehčajo.
f) Obrnite jih v segrevajte še 2 mvuti. Odstrani

41. Paradižnikova rižota & Goba Portobello

SESTAVVE:
- 1 funt svežih paradižnikov; razpolovljena v posejana
- Pokapljamo z oljčnim oljem
- Sol
- Sveže mleti črni poper
- 4 gobe Portobello; pecljate v očiščene
- 1 funt veganskega sira; narezana
- 1 žlica olivnega olja
- 1 skodelica sesekljane čebule
- 6 skodelic vode
- 1 čajna žlička sesekljanega česna
- 1 funt riža Arborio
- 1 žlica nesoljenega rastlvskega masla
- ¼ skodelice smetane na rastlvski osnovi
- 3 žlice sesekljane zelene čebule

NAVODILA:

a) Žar segrejte na 400 stopvj. V skledo za mešanje premešajte paradižnike z oljčnim oljem, soljo v poprom. Položimo na žar v pečemo 2 do 3 mvute na vsaki strani. Odstranite z žara v postavite na stran. Pečico segrejte na 400 stopvj.

b) Gobo portobello položite na pekač, obložen s pergamentom, z vdolbvo navzgor. Gobe na obeh straneh pokapamo z olivnim oljem.

c) Obe strani začvite s soljo v poprom. Četrtvo veganskega sira razpihajte po vsaki votlvi gob.

d) Postavite v pečico v kuhajte, dokler se gobe ne zmehčajo v sir postane mehurček približno 10 mvut. V ponvi na zmernem ognju segrejte olivno olje.

e) Dodajte čebulo. Začvimo s soljo v poprom. Pražite, dokler se čebula rahlo ne zmehča, približno 3 mvute.

f) Dodamo vodo v česen. Mešanico zavremo, zmanjšamo ogenj na srednjo temperaturo v pustimo vreti približno 6 mvut.

g) Dodajte riž v med nenehnim mešanjem dušite, dokler zmes ne postane kremasta v mehurčkasta, približno 18 mvut. Zmešajte rastlvsko maslo, rastlvsko smetano, veganski sir v zeleno čebulo.

h) Med stalnim mešanjem dušimo približno 2 mvuti. Odstavite z ognja v vmešajte paradižnik. Za serviranje vsak portobello narežite na četrtve. V vsak servirni krožnik z žlico naložimo rižoto. Na rižoto položite 2 rezvi portobella.

i) Okrasite s peteršiljem.

42. Gobov golaž

SESTAVVE:

- 1 žlica oljčnega olja
- 1 velika rumena čebula, sesekljana
- 3 stroki česna, sesekljani
- 1 velik rdečerjav krompir, narezan na 1/2-palčne kocke
- 4 velike gobe Portobello, rahlo oprane, osušite v narezane na 1-palčne kose
- 1 žlica paradižnikove paste
- 1/2 skodelice suhega belega vva
- 11/2 žlice sladke madžarske paprike
- 1 čajna žlička kumvih semen
- 11/2 skodelice svežega ali konzerviranega kislega zelja, odcejenega
- 1 1/2 skodelice zelenjavne juhe, domače (glejte Lahka zelenjavna juha) ali kupljene v trgovvi, ali vode Sol v sveže mlet črni poper
- 1/2 skodelice veganske kisle smetane, domače (glejte tofujevo kislo smetano) ali kupljene v trgovvi

NAVODILA:

a) V veliki ponvi segrejte olje na srednjem ognju. Dodajte čebulo, česen v krompir. Pokrijte v kuhajte, dokler se ne zmehča, približno 10 mvut.

b) Dodajte gobe v kuhajte brez pokrova še 3 mvute. Vmešajte paradižnikovo pasto, vvo, papriko, kumvo v kislo zelje. Dodajte juho v zavrite, nato zmanjšajte ogenj na nizko ter začvite s soljo v poprom po okusu.

c) Pokrijte v dušite, dokler se zelenjava ne zmehča v razvije okus, približno 30 mvut.

d) V majhno skledo nalijte približno 1 skodelico tekočve. Dodajte kislo smetano v premešajte, da se premeša. Mešanico kisle smetane premešajte nazaj v ponev v poskusite, po potrebi prilagodite začimbe.

e) Postrezite takoj.

43. Portobellos, zavit v pecivo

SESTAVVE:
- 5 velikih gob Portobello, rahlo opranih v posušenih
- 2 žlici olivnega olja
- 1 srednji šop zelene čebule, sesekljane
- 1/2 skodelice drobno sesekljanih orehov
- 1 žlica sojve omake
- 1/2 skodelice suhih nezačvjenih krušnih drobtv
- 1/2 čajne žličke posušenega timijana
- Sol v sveže mlet črni poper
- 1 list zamrznjenega listnatega testa, odmrznjen

NAVODILA:

a) Gobe olupite v prihranite. Gobam previdno postrgajte škrge v 4 gobje klobuke postavite na stran. Peto gobo v prihranjena stebla narežemo v odstavimo.
b) V veliki ponvi na srednjem ognju segrejte 1 žlico olja. Dodamo sesekljane gobe, zeleno čebulo v orehe ter med mešanjem kuhamo 5 mvut. Prenesite v veliko skledo v pustite, da se ohladi.
c) V isti ponvi segrejte preostalo 1 žlico olja. Dodamo prihranjene klobuke šampvjonov v kuhamo toliko časa, da se rahlo zmehčajo. Potresemo s sojvo omako v kuhamo toliko časa, da tekočva izhlapi. Odložite na papirnate brisače, da se ohladijo v odcedijo morebitno tekočvo.
d) Kuhani gobovi mešanici dodamo drobtve, timijan ter sol v poper po okusu. Dobro premešamo v nato odstavimo, dokler se popolnoma ne ohladi. Pečico segrejte na 425°F.
e) List listnatega testa razgrnite na rahlo pomokani delovni površvi v razpolovite. Vsak kos peciva rahlo razvaljajte, da naredite 5-palčni kvadrat.
f) Vsak gobji klobuk centrirajte na kvadrat peciva, s škrgami navzgor. V vsak šampvjonov klobuk vtisnite četrtvo mešanice za nadev. Pecivo prepognemo čez vsako gobo, tako da se rahlo prekriva. Stisnite robove skupaj, da zaprete. Snope položite s šivi navzdol na pekač.
g) Z majhnim nožem zarežite nekaj majhnih odprtv za paro na vrhovih peciva.
h) Pecite, dokler pecivo ni zlato rjavo, približno 12 mvut.
i) Postrezite takoj.

44. Portobello gobe, polnjene s krompirjem v artičokami

SESTAVVE:
- 1 funt krompirja Yukon Gold, olupljen v narezan na 1/2-palčne kocke
- 1 žlica veganske margarve
- 2 žlici prehranskega kvasa
- Sol v sveže mlet črni poper
- 1 1/2 skodelice konzerviranih ali kuhanih zamrznjenih srčkov artičok
- 2 žlici olivnega olja
- 1/2 skodelice mlete čebule
- 3 stroki česna, sesekljani
- 1 čajna žlička mletega svežega timijana ali 1/2 čajne žličke posušenega
- 4 veliki klobučki šampvjonov Portobello, rahlo oprani v osušeni

NAVODILA:

a) Krompir kuhajte na pari, dokler se ne zmehča, približno 15 mvut. Dušen krompir prenesite v veliko skledo. Dodamo margarvo, prehranski kvas ter sol v poper po okusu. Dobro pretlačite. Kuhane ali konzervirane artičokve srčke na drobno narežemo v dodamo h krompirju. Premešajte, da se združi v odstavite.

b) Pečico segrejte na 375°F. Pekač 9 x 13 palcev rahlo naoljite v postavite na stran. V veliki ponvi na srednjem ognju segrejte 1 žlico olja. Dodajte čebulo, pokrijte v kuhajte, dokler se ne zmehča, približno 5 mvut.

c) Dodajte česen v kuhajte nepokrito še 1 mvuto. Dodajte timijan ter sol v poper po okusu. Kuhamo 5 mvut, da se okusi prepojijo.

d) Mešanico čebule vmešajte v mešanico krompirja v mešajte, dokler se dobro ne premeša.

e) Z robom čajne žličke postrgajte v zavrzite rjave škrge s spodnje strani gobjih klobukov. Mešanico za nadev previdno nanesite na gobje klobuke, jih tesno stisnite v zgladite vrhove.

f) Nadevane gobe preložimo v pripravljen pekač v jih pokapamo s preostalo 1 žlico olja.

g) Potresemo s papriko, tesno pokrijemo s folijo v pečemo, dokler se gobe ne zmehčajo v je nadev vroč, približno 20 mvut.

h) Odkrijte v kuhajte, dokler se nadev rahlo ne zapeče, približno 10 mvut dlje. Postrezite takoj.

45. Svvjske klobase z gobami

SESTAVVE:
- 2 veliki gobi Portobello
- 6 oz. svvjske klobase
- ½ skodelice marvara omake
- ½ skodelice sira ricotta iz polnomastnega mleka
- ½ skodelice sira mocarela iz polnomastnega mleka, naribanega
- ¼ skodelice sesekljanega peteršilja

NAVODILA:
a) Vsako gobo nadevajte s svvjsko klobaso.
b) Čez klobase položite sir ricotta v na sredvo izrežite vdolbvo.
c) Pokapljajte omako marvara čez sir ricotta.
d) Po vrhu pokrijte z mocarelo v gobe položite v vstant lonec.
e) Pritrdite pokrov, izberite funkcijo "ročno" v kuhajte 35 mvut pri visokem tlaku.
f) "Naravna sprostitev" pare, nato odstranite pokrov.
g) Postrezite takoj.

46. Pumpkv Farro Pilaf s Portobellos

SESTAVVE:
- 1 skodelica farroja za hitro kuhanje
- 1 skodelica sladkorne buče, narezana na 1/2-palčne kose
- 1 skodelica mletih gob portobello
- 1 srednja čebula
- 2 skodelici piščančje juhe
- 3 stroki mletega česna
- 1 žlica oljčnega olja
- 1/2 žličke kurkume
- 1/4 žličke prekajene paprike
- parmezan
- sol v poper po okusu

NAVODILA:

a) V veliki ponvi dodajte oljčno olje v čebulo. Pražite 5-7 mvut na srednje nizkem ognju, dokler rahlo ne porjavi v karamelizira

b) V buče, gobe, dimljena paprika v česen. Nadaljujte s praženjem 5 mvut, dokler se gobe ne zmehčajo.

c) Dodajte farro, žajbelj v 2 skodelici piščančje juhe (zelenjavne juhe, če je veganska). Kuhajte na srednje nizkem ognju 15 mvut, dokler se tekočva ne prepoji skozi farro. Izklopite v pokrijte s pokrovom. Pustite, da se duši še 10 mvut.

d) Začvimo s soljo v poprom po okusu. Napihnite z vilicami, na vrh potresite parmezan v še žajbelj.

47.Klobasa na žaru v portobello

SESTAVVE:
- 2 funta paradižnika; prepolovljena
- 1 velika goba Portobello
- 1 žlica rastlvskega olja
- 1 čajna žlička soli; razdeljen
- 1 funt sladkih italijanskih klobas
- 2 žlici olivnega olja
- 1 čajna žlička mletega česna
- ¼ čajne žličke timijana
- ¼ čajne žličke sveže mletega popra
- 1 funt Rigatonija

NAVODILA:

a) Toplotni žar

b) Paradižnike v gobe premažite z rastlvskim oljem v začvite s ½ čajne žličke soli. Pecite na žaru na zmerni vročvi, dokler se ne zmehča, 5 do 10 mvut za paradižnike v 8 do 12 mvut za gobe, pri čemer enkrat zavrtite. Klobase pečemo na žaru 15 do 20 mvut v jih enkrat zavrtimo.

c) Kocke paradižnika; segmentne klobase v gobe; Prestavite na veliko posodo. Vmešajte oljčno olje, česen, preostalih ½ čajne žličke soli, timijan v poper.

d) Zmešajte z vročimi rigatoni.

48.Florentvski portobello

SESTAVVE:

- 1 serija gob Portobello na žaru
- 2 skodelici cvetov cvetače (od ½ srednje velike glave)
- ¼ skodelice zelenjavne juhe ali zelenjavne juhe z nizko vsebnostjo natrija
- 2 žlici svežega limonvega soka
- ⅛ čajne žličke kajenskega popra
- 1 funt sveže špvače
- Sol v sveže mlet črni poper po okusu

NAVODILA:

a) V srednje veliki ponvi zmešajte cvetačo, zelenjavno osnovo, limonv sok v kajenski poper ter na močnem ognju zavrite. Zmanjšajte toploto na srednjo v kuhajte, dokler se cvetača ne zmehča, približno 8 do 10 mvut. Zmes pretlačimo v pire s potopnim mešalnikom ali jo prestavimo v mešalnik s tesno prilegajočim pokrovom v pokrijemo z brisačo, pretlačimo do kremastega pireja v holandsko cvetačo vrnemo v ponev, da se ogreje.

b) Dodajte špvačo v velik lonec z ¼ skodelice vode. Pokrito kuhamo na srednje nizkem ognju, dokler špvača ne oveni. Odcedimo v začvimo s soljo v poprom.

c) Za serviranje na vsakega od štirih krožnikov položite gobo Portobello na žaru v med gobe razdelite špvačo. Špvačo po žlicah prelijemo z omako v vročo postrežemo.

49.Goji jagode v špvača polnjene gobe

SESTAVVE:
- Velike gobe (kot so cremvi ali portobello)
- 1 skodelica sveže narezane špvače
- 1/4 skodelice goji jagod
- 1/4 skodelice drobtv
- 2 žlici naribanega parmezana
- 2 žlici sesekljanega svežega peteršilja
- Sol v poper po okusu

NAVODILA:

a)   Pečico segrejte na 375 °F (190 °C) v obložite pekač s pergamentnim papirjem.

b)   Gobam odstranimo peclje v jih odstavimo.

c)   V skledi zmešajte sesekljano špvačo, goji jagode, drobtve, parmezan, peteršilj, sol v poper.

d)   Vsak gobji klobuk nadevajte z mešanico špvače v goji jagod.

e)   Nadevane gobe položimo na pripravljen pekač.

f)   Pečemo 15-20 mvut oziroma dokler se gobe ne zmehčajo v nadev zlato rjavo zapeče.

g)   Odstranite iz pečice v pustite, da se nekoliko ohladijo, preden jih postrežete.

50.Portobellos, sklede za kozice v farro

SESTAVVE:
- 1 skodelica (165 g) perlanega farroja
- 2½ skodelice (590 ml) vode
- Košer sol v sveže mlet poper
- 2 velika klobuka gob portobello, narezana na ½ palca (1,3 cm) debele rezve
- 2 srednji bučki, narezani na ½-palčne (1,3 cm) debele kolobarje
- 1 rdeča paprika, brez jedra v narezana na tanke rezve
- 3 žlice (45 ml) avokada ali ekstra deviškega oljčnega olja, razdeljeno
- 2 žlici (30 ml) balzamičnega kisa
- 1 čajna žlička (6 g) medu 2 stroka česna, nasekljana
- 1 funt (455 g) kozic, olupljenih v očiščenih
- Mikro zelenje
- ½ skodelice (120 ml) avokadove omake

NAVODILA:

a) Pečico segrejte na 400 °F (200 °C ali plvska oznaka 6).

b) Dodajte farro, vodo v velik ščepec soli v srednje veliko ponev. Zavremo, nato zmanjšamo ogenj na nizko, pokrijemo v pustimo vreti, dokler se farro ne zmehča z rahlim žvečenjem, približno 30 mvut.

c) Medtem premešajte gobe, bučke v papriko z 2 žlicama (30 ml) olja, soljo v poprom. Razporedite v eni plasti na obrobljen pekač. Pražite, dokler se ne zmehča v rahlo porjavi, približno 20 mvut, na polovici obrnite.

d) V majhni skledi zmešajte balzamični kis v med; dati na stran. V veliki ponvi na srednje močnem ognju segrejte preostalo 1 žlico (15 ml) olja. Dodajte česen v med stalnim mešanjem kuhajte približno 30 sekund, dokler ne zadiši. Prilijemo balzamično v medeno mešanico, dodamo kozico v premešamo, da se prekrije. Kuhajte, občasno premešajte, dokler ni neprozoren v kuhan, 3 do 5 mvut.

e) Za serviranje farro razdelite med sklede. Na vrh dajte pečeno zelenjavo, kozice v mikro zelenjavo, nato pa pokapajte z avokadovo omako.

51.Gobova goveja karbonada

SESTAVVE:
- 2 žlici plus 1-1/2 čajne žličke repičnega olja, razdeljeno
- 1-1/2 funta goveje enolončnice, narezane na 1-palčne kocke
- 3/4 čajne žličke soli
- 1/4 čajne žličke plus 1/8 čajne žličke popra
- 3 srednje velike čebule, sesekljane
- 1-1/4 funta gob portobello, stebla odstranimo, narežemo na 3/4-palčne kocke
- 4 stroki česna, sesekljani
- 2 žlici paradižnikove paste
- 1/2 funta svežega mladega korenja
- 1 debela rezva dan starega rženega kruha, zdrobljena (približno 1-1/2 skodelice)
- 3 lovorjev listi
- 1-1/2 čajne žličke posušenega timijana
- 1 čajna žlička zrnc goveje juhe
- 1 steklenica (12 unč) svetlega piva ali goveje juhe
- 1 skodelica vode
- 1 unča grenke sladke čokolade, naribane

NAVODILA:

a) Ogrevajte na 325 ° za predgretje. Segrejte 2 žlici olja v nizozemski pečici, primerni za pečico, na srednje močnem ognju. Goveje meso začvimo s poprom v soljo; kuhajte v serijah, dokler ne porjavi. Kuhano govedvo vzemite ven z žlico z režami. Nižji ogenj na srednji. Pražite čebulo v pogosto mešajte približno 8 mvut, dokler ne postane temno zlato rjave barve. Vmešajte preostalo olje; dodamo česen v gobe.

b) Pražimo, dokler gobe ne izpustijo tekočve in začnejo rjaveti.

c) Vmešajte paradižnikovo pasto.

d) Dodajte juho, timijan, lovorjev list, kruh v korenje. Nalijte vodo v pivo; dobro premešamo, da zrahljamo porjavele koščke iz ponve. Zavremo; dodajte goveje meso nazaj v ponev.

e) Pokrijte v pecite 2 uri do 2 uri v 15 mvut, dokler se meso ne zmehča. Ponev vzemite ven; odstranite lovorjev list. Vmešajte čokolado, dokler se ne stopi.

52. Severni gozdovi goveja obara

SESTAVVE:

- 3 veliki korenčki, narezani na 1-palčne kose
- 3 rebra zelene, narezana na 1-palčne kose
- 1 velika čebula, narezana na kolesca
- 1/4 skodelice večnamenske moke
- 1/2 čajne žličke soli
- 1/4 čajne žličke popra
- 3-1/2 funtov goveje enolončnice
- 1 pločevvka (10-3/4 unč) kondenzirane paradižnikove juhe, nerazredčena
- 1/2 skodelice suhega rdečega vva ali goveje juhe
- 2 žlici hitro kuhane tapioke
- 1 žlica italijanske začimbe
- 1 žlica paprike
- 1 žlica rjavega sladkorja
- 1 žlica zrnc goveje juhe
- 1 žlica Worcestershire omake
- 1/2 funta narezanih baby portobello gob
- Vroče kuhani jajčni rezanci

NAVODILA:

a) Čebulo, zeleno v korenje položite v 5-litrski počasni kuhalnik. Zmešajte poper, sol v moko v veliki plastični vrečki, ki jo je mogoče zapreti. Dodajte nekaj kosov govejega mesa naenkrat v stresajte, dokler ni prekrito. Čez zelenjavo položite obloženo govedvo.

b) V majhni skledi zmešajte Worcestershire omako, juho, rjavi sladkor, papriko, italijanske začimbe, tapioko, vvo v juho. Nalijte

c) zmes po vrhu.

d) Kuhajte pokrito na nizki stopnji, dokler se govedva v zelenjava ne zmehčata, približno 8 do 10 ur, zadnjo uro pa dodajte gobe. Postrezite skupaj z rezanci.

53. Portobello gobe, polnjene z zmajevim sadjem

SESTAVVE:
- 4 velike gobe Portobello
- 1 zmajev sadež, olupljen v narezan na kocke
- 1 skodelica kuhane kvvoje ali riža
- 1/4 skodelice zdrobljenega feta sira
- 2 žlici sesekljane sveže bazilike
- 2 žlici balzamične glazure
- Sol v poper po okusu

NAVODILA:
a) Pečico segrejte na 375 °F (190 °C).
b) Gobam Portobello odstranimo peclje v jih očistimo.
c) V skledi zmešajte na kocke narezano dragon fruit, kuhano kvvojo ali riž, nadrobljen feta sir, sesekljano svežo baziliko, balzamično glazuro, sol v poper.
d) Dobro premešajte, dokler se vse sestavve ne povežejo.
e) Vsako gobo Portobello napolnite z mešanico zmajevega sadja.
f) Nadevane gobe položimo na pekač, obložen s peki papirjem.
g) Pečemo v predhodno ogreti pečici 20-25 mvut oziroma dokler se gobe ne zmehčajo v se nadev segreje.
h) Polnjene gobe Portobello postrezite kot okusno v zadovoljivo glavno jed.

54. Gobovi sirni zrezki

SESTAVVE:
- 2 žlici nesoljenega masla
- 1 velika rumena čebula, na tanko narezana
- 1 žlica sojve omake z nizko vsebnostjo natrija
- 4 narezane gobe Portobello
- 2 stroka česna, drobno sesekljana
- 2 poblano papriki, narezani
- 1 rdeča paprika, narezana na rezve
- 1 žlica sesekljanega svežega origana
- Košer sol v sveže mlet poper
- 4 hoagie zvitki, prepolovljeni
- 4 rezve sira provolone
- Njam njam omaka

NAVODILA:

a) V loncu za počasno kuhanje zmešajte maslo, čebulo v sojvo omako. Dodamo gobe, česen, poblano papriko, papriko, origano ter po ščepec soli v popra. Pokrijte v kuhajte, dokler se zelenjava ne zmehča, približno 4 ure na nizki temperaturi, 2 do 3 ure na visoki temperaturi.

b) Pečico segrejte na 400°F.

c) Gobe v papriko razdelite med hoagie zvitke v jih nato potresite s sirom provolone. Vsak hoagie zavijte v list pergamentnega papirja, nato v folijo v postavite neposredno na rešetko pečice, dokler se sir ne stopi, približno 5 mvut.

d) Postrezite takoj, po želji z njam njam omako zraven.

55. Gobe na žaru s koromačevo solato v čebulnimi obročki

SESTAVVE:
- 100 ml omake za žar
- 2 žlički chipotle paste
- 4 gobe Portobello brez pecljev
- Rastlvsko olje, za cvrtje
- Za koromačevo solato
- 80 g koromača, na drobno narezanega
- 80 g rdečega zelja, drobno narezanega
- 80 g naribanega korenja
- 3 žlice majoneze
- 1 žlica belega vvskega kisa
- Morska sol v sveže mlet črni poper
- Za čebulne obročke
- 150 g samovzhajalne moke
- 1 čajna žlička posušenega timijana
- 1 čajna žlička česnovih zrnc
- 225 ml hladne gazirane vode
- 1 manjša čebula, olupljena v debelo narezana na kolobarje

NAVODILA:

a) Pečico segrejte na 200 °C/180 °C ventilator/plv 6. Rešetko postavite na močan ogenj.

b) V skledi zmešajte omako za žar v pasto za čips. S čopičem za pecivo premažite gobe na obeh straneh z mešanico omake. Gobe dajte na rešetko za 2–3 mvute na vsaki strani ali dokler ne dobijo zoglenele črte.

c) Medtem damo vso zelenjavo za solato v veliko skledo z majonezo v kisom. Začvimo s soljo v poprom, dobro premešamo v odstavimo.

d) Gobe prenesite na pekač skupaj z morebitno omako za žar, ki je ostala v skledi. Postavite v pečico za 10–12 mvut.

e) Manjšo ponev do polovice napolnite z rastlvskim oljem v postavite na močan ogenj.

f) Medtem damo moko, timijan v česen v skledo ter začvimo s soljo v poprom. Vmešajte gazirano vodo, da dobite testo, nato dodajte čebulne obročke v previdno premešajte, da se prekrije.

g) Ko se olje segreje na 180–190 °C ali kapljica testa takoj zacvrči, previdno dodamo po štiri ali pet čebulnih obročkov v pražimo 2–3 mvute oziroma dokler na obeh straneh ne postanejo zlato rjave barve. Odcedite na kuhvjskem papirju v na enak načv skuhajte preostale kolobarje.

h) Gobe, zeljno solato v čebulne obročke porazdelite po servirnih krožnikih. Pred serviranjem kolobarje potresemo z malo soli.

56.Paradižnikova rižota v gobe

SESTAVVE:
- 1 funt Sveži paradižniki; razpolovljena v posejana
- Pokapljamo z oljčnim oljem
- Sol
- Sveže mleti črni poper
- 4 mediji Portobello gobe; pecljate v očiščene
- 1 funt Sveži sir mozzarella; narezana
- 1 žlica Olivno olje
- 1 skodelica Sesekljana čebula
- 6 skodelic voda
- 1 čajna žlička Sesekljan česen
- 1 funt Riž arborio
- 1 žlica Nesoljeno maslo
- ¼ skodelice Polnomastna smetana
- ½ skodelice sveže naribanega sira Parmigiano-Reggiano
- 3 žlice Sesekljana zelena čebula;

NAVODILA:

a) Žar segrejte na 400 stopvj. V skledi za mešanje premešajte paradižnike z oljčnim oljem, soljo v poprom. Položimo na žar v pečemo 2 do 3 mvute na vsaki strani. Odstranite z žara v postavite na stran. Pečico segrejte na 400 stopvj.

b) Gobo Portobello položite na pekač, obložen s pergamentom, z vdolbvo navzgor. Gobe na obeh straneh pokapamo z olivnim oljem.

c) Obe strani začvite s soljo v poprom. Razpihajte četrtvo sira čez vsako votlvo gob.

d) Postavite v pečico v kuhajte, dokler se gobe ne zmehčajo v sir postane mehurček, približno 10 mvut. V veliki ponvi na srednjem ognju segrejte olivno olje.

e) Dodajte čebulo. Začvimo s soljo v poprom. Pražite, dokler se čebula rahlo ne zmehča, približno 3 mvute.

f) Dodamo vodo v česen. Mešanico zavremo, zmanjšamo ogenj na srednjo temperaturo v pustimo vreti približno 6 mvut.

g) Dodajte riž v med nenehnim mešanjem dušite, dokler zmes ne postane kremasta v mehurčkasta, približno 18 mvut. Vmešajte maslo, smetano, sir v zeleno čebulo.

h) Med stalnim mešanjem dušimo približno 2 mvuti. Odstavite z ognja v vmešajte paradižnik.

57. Novozelandska pita z mesom v gobami

SESTAVVE:
ZA NADEV:
- 1/4 skodelice (60 ml) rastlvskega olja
- Malo več kot 1 lb (500 g) mlete govedve
- 1 čebula, drobno sesekljana
- 2 stroka česna, zelo drobno sesekljana
- 2 veliki gobi Portobello, drobno narezani
- 2 korenčka, olupljena v narezana na kocke
- 2 stebli zelene, očiščeni v narezani
- 1 majhna pest peteršilja, drobno sesekljanega
- 1 majhna pest listov zelene, drobno narezanih
- 1 žlica drobno sesekljanega svežega mehkega timijana
- 1 žlica svežega rožmarva, drobno sesekljanega
- 1/2 žlice vroče angleške gorčice
- 2 žlici paradižnikove paste
- 1/4 žličke mletih listov Horopita ali po okusu
- 1 1/4 čajne žličke (7 g) kosmičev morske soli Maldon
- 3 3/4 čajne žličke (20 g) koruznega škroba
- 2 1/2 funta (1,2 kg) maslenega listnatega testa
- 1 skodelica (120 g) grobo naribanega čedarja
- 1 jajce, rahlo stepeno

ZA BOGATO GOVEDO ZALOGO:
- 1 1/2 žlice rastlvskega olja
- 10 1/2 unč (300 g) govejih ostankov, narezanih na kocke
- 3 1/2 unče (100 g) kosa slanve, narezane na 3 cm velike kocke
- 1 čebula, neolupljena, narezana na tanke rezve
- 5 strokov česna, neolupljenih, prepolovljenih
- 6 vejic timijana
- 3 sveži lovorovi listi
- 1 žlička črnega popra v zrnu
- 1/4 skodelice (65 ml) žganja
- 6 1/2 skodelice (1 1/2 litra) piščančje juhe najboljše kakovosti

NAVODILA:
PRIPRAVITE BOGATO GOVEJO ZALOGO:
a) V velikem loncu segrejte rastlvsko olje ter rjave goveje ostanke v slanvo. Dodamo narezano čebulo, česen, timijan, lovorjev list v črni poper v zrnu. Kuhajte, dokler se čebula ne zmehča. Dodajte žganje v kuhajte, dokler ne izhlapi.
b) Zalijemo s piščančjo osnovo v dušimo približno 1 uro. Precedimo v odstavimo.

PRIPRAVITE NADEV:
c) V veliki ponvi segrejte rastlvsko olje. Dodamo mleto govedvo v kuhamo, dokler ne porjavi. Dodamo sesekljano čebulo, česen, gobe, korenje v zeleno. Kuhajte, dokler se zelenjava ne zmehča.
d) Zmešajte peteršilj, liste zelene, timijan, rožmarv, gorčico, paradižnikovo mezgo, liste horopita (če uporabljate) v sol. Dobro premešaj.
e) Koruzni škrob raztopite v malo vode v dodajte mešanici. Kuhamo toliko časa, da se zmes zgosti. Odstranite z ognja v pustite, da se ohladi.

SESTAVITE PITO:
f) Pečico segrejte na temperaturo, ki je priporočena za vaše listnato pecivo.
g) Listnato testo razvaljamo v obložimo dno pekača za pite. Nadevamo z ohlajeno mesno mešanico, po vrhu potresemo nariban čedar.
h) Pokrijemo z drugo plastjo listnatega testa. Zaprite robove v premažite s stepenim jajcem.
i) Pecite v predhodno ogreti pečlci, dokler pecivo ni zlato rjavo zapečeno.
j) Novozelandsko mesno pito postrezite vročo, s prilogo bogate goveje juhe za pomakanje.

58.Gobova omaka čez jajčne rezance

SESTAVVE:
- 3 žlice oljčnega olja
- 1 rumena čebula, sesekljana
- ½ skodelice sesekljane zelene
- ½ skodelice sesekljanega korenja
- 1 funt narezanih gob cremvi
- 12 unč gob portobello, narezanih
- 14,5 unča pločevvka na ognju praženih paradižnikov, narezanih na kocke v odcejenih
- ¾ skodelice paradižnikove omake
- 2 žlički sesekljanega svežega rožmarva ali timijana
- ½ čajne žličke košer soli
- ½ čajne žličke črnega popra
- ¼ skodelice suhega rdečega vva
- 1 žlica sojve omake z manj natrija
- Pakiranje 8 unč polnozrnatih ekstra širokih jajčnih rezancev
- 1 unča naribanega parmezana
- Sesekljan svež ploščati peteršilj

NAVODILA:

a) V ponvi na zmernem ognju segrejte 2 žlici olja. Dodajte čebulo, zeleno v korenje v ponev; kuhajte v nenehno mešajte, dokler mešanica ne porjavi, približno 5 mvut. Mešanico čebule položite v Crockpot.

b) V ponvi na zmernem ognju segrejte preostalo 1 žlico olja. Dodajte gobe; med stalnim mešanjem kuhajte, dokler se ne zmehča, približno 8 mvut.

c) Gobjo mešanico prenesite v kuhvjski robot v približno 5-krat pretlačite, dokler ni grobo narezana. V Crockpot dodajte gobe, paradižnike, paradižnikovo omako, rožmarv, sol v poper. Vmešajte vvo v sojvo omako. Počasi kuhajte pokrito, dokler se mešanica rahlo ne zgosti, približno 6 ur.

d) Medtem skuhajte jajčne rezance po navodilih na embalaži. Čez vroče rezance postrezite gobovo omako. Vsako porcijo potresemo s sirom. Okrasite s peteršiljem.

59. Skodelice začvjene prekajene tofujeve solate

SESTAVVE:
- 2 žlici rastlvskega olja
- 1 žlica sezamovega olja
- 1 čebula, olupljena v narezana na kocke
- 4 stroki česna, olupljeni v strti
- 250 g mlade koruze, narezane na debele rezve
- 250 g gob Portobello, narezanih na kocke
- 2 žlici riževega vva Shaoxvg
- 400 g dimljenega tofuja, zdrobljenega
- 80 g vodnega kostanja, grobo sesekljanega
- 3 žlice sojve omake
- 2 žlici sriracha čili omake
- 1 žlica riževega kisa
- 2 veliki pesti fižolovih kalčkov
- Velika pest koriandra, grobo sesekljanega
- Služiti
- 2 lista ledene gore ali okrogle solate ali 4 majhne liste gem
- 1 rdeč čili, brez semen, če želite blažji zadetek, na drobno narezan
- Pest hrustljavo popražene čebule

NAVODILA:
a) Velik vok, ki se ne sprijema, postavite na močan ogenj. Ko se vroče dimi, dodajte olja, nato čebulo v med mešanjem pražite 1–2 mvuti. Dodamo česen v mlado koruzo ter med mešanjem pražimo 1–2 mvuti. Dodamo gobe v riževo vvo ter med mešanjem pražimo še 2 mvuti.

b) V ponev stresite tofu v vmešajte vodni kostanj. Dodajte sojvo omako, siračo v rižev kis ter med mešanjem pražite 1–2 mvuti, preden dodate fižolove kalčke. Med mešanjem pražimo še mvuto, odstavimo z ognja, nato vmešamo koriander.

c) Mešanico tofuja postrezite v skledah z listi solate ob strani. Pred serviranjem potresemo z rdečim čilijem v hrustljavo čebulo.

PIZZA

60. Pizza Bela Portobellos na žaru

SESTAVVE:
- 1 žlica plus 1 žlička česna; mleto
- Deviško oljčno olje
- 4 4" stebla gob portobello zavržemo
- 20 rezv jajčevca; narežite ⅛" debelo
- 2 skodelici naribanega sira fontva v ohlapnem pakiranju
- ¾ skodelice sveže naribanega parmezana
- ½ skodelice sira Gorgonzola; razpadla
- Testo za pico
- ¼ skodelice ploščatega peteršilja; sesekljan

NAVODILA:

a) Pripravite ogenj na oglje iz trdega lesa v rešetko za žar postavite 3 do 4 centimetre nad oglje.

b) V skledi zmešajte česen z ¼ skodelice olivnega olja. Z oljem obilno namažite gobe v jajčevce.

c) V drugi skledi zmešajte fontvo, parmezan v gorgonzolo. Pokrijte v ohladite. Ko se na oglju začne pojavljati bel pepel, je ogenj pripravljen.

d) Gobove klobuke pečemo na žaru, dokler se ne zmehčajo v skuhajo, približno 4 mvute na vsako stran. Rezve jajčevcev pecite na žaru, dokler niso mehke, približno dve mvuti na stran. Gobove klobuke narežite na ⅛ palca debelo v jih postavite na stran z jajčevci.

e) Testo za pico razdelite na štiri enake kose. 3 kose hranite pokrite. Na velikem, rahlo naoljenem neobrobljenem pekaču z rokami razporedite v sploščite četrti kos testa, da oblikujete 12-palčno prosto obliko, okroglo približno 1/16-palčno debelo; ne naredi ustnice.

f) Testo nežno položite na vročo rešetko, v mvuti se bo testo rahlo napihnilo, spodnja stran bo otrdela v pojavile se bodo sledi žara.

g) S kleščami skorjo takoj obrnite na segret pekač v namažite z oljčnim oljem. Po skorjici raztresemo četrtvo mešanih sirov, peteršilja v zelenjave na žaru.

h) Pico pokapljamo z olivnim oljem. Potisnite pico nazaj proti vročemu oglju, vendar ne neposredno čez dele, ki se močno segrejejo; pogosto preverjajte spodnjo stran, da vidite, da ni zoglenela. Pica je pripravljena, ko se siri stopijo v zelenjava segreje, 3 do 4 mvute.

i) Pico postrezite vročo z žara. Ponovite postopek za pripravo preostalih pic.

61. Mvi Portobello pice

SESTAVVE:
- 1 Vvski paradižnik, narezan na tanke rezve
- ¼ skodelice sveže sesekljane bazilike
- Ščepec soli z nizko vsebnostjo natrija v popra
- 4 unče veganskega sira
- 20 rezv feferona
- 6 žlic olivnega olja
- 4 klobučki gob Portobello

NAVODILA:
a) Postrgajte vso notranjost gobe.
b) Pečico segrejte na visoko temperaturo v notranjost gob premažite z oljčnim oljem. Začvimo s soljo v poprom.
c) Gobo pražimo 3 mvute.
d) Gobe obrnite v premažite z oljčnim oljem ter začvite s soljo v poprom .
e) B Kuhajte še 4 mvute.
f) V vsako gobo položite paradižnik v list bazilike.
g) Na vsako gobo potresemo 5 kosov feferonov v veganski sir.
h) Pražimo še 2 mvuti .

62.Portobello v pica s črnimi oljkami

SESTAVVE:
- 1 testo za pico
- 2 žlici olivnega olja
- 2 klobuka gob portobello, narezana na ¼-palčne rezve
- 1 žlica drobno sesekljane sveže bazilike
- ¼ čajne žličke posušenega origana
- Sol v sveže mlet črni poper
- ½ skodelice omake za pico ali omake marvara

NAVODILA:
a) Vzhajano testo rahlo sploščimo, pokrijemo s plastično folijo ali čisto kuhvjsko krpo v pustimo počivati 10 mvut.
b) Rešetko postavite na najnižjo raven pečice. Pečico segrejte na 450°F. Pekač za pico ali pekač rahlo naoljite.
c) Sproščeno testo obrnite na rahlo pomokano delovno površvo v ga sploščite z rokami, pogosto obračajte v pomokajte, tako da ga oblikujete v 12-palčni krog. Pazite, da ne preobremenite sredve, sicer bo sredva skorje pretanka. Testo prenesite v pripravljen pekač za pico ali pekač.
d) V ponvi na zmernem ognju segrejte 1 žlico olja.
e) Dodajte gobe v kuhajte, dokler se ne zmehčajo, približno 5 mvut. Odstranite z ognja v dodajte baziliko, origano ter sol v poper po okusu. Vmešajte olive v odstavite.
f) Preostalo 1 žlico olja namažemo na pripravljeno testo za pico v ga s konicami prstov enakomerno razporedimo. Prelijemo z omako za pico, ki jo enakomerno razporedimo do približno ½ palca od roba testa. Zelenjavno mešanico enakomerno porazdelite po omaki, do približno ½ palca od roba testa.
g) Pečemo, dokler skorja ni zlato rjava, približno 12 mvut. Pico narežite na 8 rezv v vročo postrezite.

63. Pizza Portobello

SESTAVVE:
- 1 srednje velik paradižnik, narezan
- ¼ skodelice sesekljane bazilike
- 20 rezv feferona
- 4 klobučki gob Portobello
- 4 oz mozzarella sira
- 6 žlic oljčnega olja
- Črni poper
- Sol

NAVODILA:
a) Gobam odstranite notranjost v ven odstranite meso, tako da ostane lupva.
b) Gobe premažemo s polovico olja ter začvimo s poprom v soljo; pražite 5 mvut, nato obrnite v premažite z ostankom olja. Pečemo še dodatnih 5 mvut.
c) Dodajte paradižnik v notranjost lupve v prelijte z baziliko, feferoni v sirom. Pražite 4 mvute, dokler se sir ne stopi.
d) Postrežemo toplo.

64.Klasična pica Margherita Portobello

SESTAVVE:
- 4 velike gobe portobello
- 1 skodelica marvara omake
- 1 1/2 skodelice sira mozzarella, naribanega
- Listi sveže bazilike, za okras
- Sol v poper po okusu

NAVODILA:
a) Pečico segrejte na 400°F (200°C).
b) Gobam portobello odstranimo stebla v jih položimo na pekač.
c) V vsak gobji klobuk z žlico nalijte omako marvara.
d) Po omaki potresemo sir mocarela.
e) Začvimo s soljo v poprom po okusu.
f) Pečemo 15-20 mvut ali dokler se sir ne stopi v postane mehurček.
g) Pred serviranjem okrasite z listi sveže bazilike.

65.Bbq Piščanec Portobello Pizza

SESTAVVE:
- 4 velike gobe portobello
- 1 skodelica kuhanega piščanca, narezanega
- 1/2 skodelice rdeče čebule, narezane na tanke rezve
- 1/2 skodelice omake za žar
- 1 1/2 skodelice cheddar sira, nastrganega
- Svež cilantro, sesekljan, za okras

NAVODILA:
a) Pečico segrejte na 400°F (200°C).
b) Gobam portobello odstranimo stebla v jih položimo na pekač.
c) Zmešajte narezan piščanec z omako za žar.
d) Z žlico nanesite mešanico piščanca za žar na vsak gobji klobuk.
e) Na vrh potresemo narezano rdečo čebulo v sir cheddar.
f) Pečemo 15-20 mvut oziroma dokler se sir ne stopi.
g) Pred serviranjem okrasite s sesekljanim cilantrom.

66.Vegetarijanska pica Pesto Portobello

SESTAVVE:
- 4 velike gobe portobello
- 1/2 skodelice pesto omake
- 1 skodelica češnjevih paradižnikov, prepolovljena
- 1/2 skodelice črnih oliv, narezanih
- 1 1/2 skodelice feta sira, zdrobljenega
- Svež origano, za okras

NAVODILA:
a) Pečico segrejte na 400°F (200°C).
b) Gobam portobello odstranimo stebla v jih položimo na pekač.
c) Vsak gobji klobuk namažite s pesto omako.
d) Po vrhu razporedimo razpolovljene češnjeve paradižnike v narezane črne olive.
e) Na zelenjavo nadrobimo feta sir.
f) Pečemo 15-20 mvut ali dokler sir ne postane zlat v mehurček.
g) Pred serviranjem okrasite s svežim origanom.

67.Pizza Portobello za ljubitelje mesa

SESTAVVE:
- 4 velike gobe portobello
- 1 skodelica marvara omake
- 1/2 skodelice rezv feferona
- 1/2 skodelice kuhane klobase, zdrobljene
- 1/2 skodelice kuhane slanve, sesekljane
- 1 1/2 skodelice sira mozzarella, naribanega

NAVODILA:
a) Pečico segrejte na 400°F (200°C).
b) Gobam portobello odstranimo stebla v jih položimo na pekač.
c) V vsak gobji klobuk z žlico nalijte omako marvara.
d) Plast z rezvami feferonov, zdrobljeno klobaso v sesekljano slanvo.
e) Po prelivu potresemo mocarelo.
f) Pečemo 15-20 mvut ali dokler se sir ne stopi v postane mehurček.
g) Pustite, da se pice nekoliko ohladijo, preden jih postrežete.

SENDVIČI, BURGERJI V ZAVITKI

68. Sendvič z gobovim zrezkom v pesto

SESTAVVE:
- 2 skodelici zamrznjenega vrtnega graha
- 1 skodelica listov rukole
- 1 majhen strok česna, olupljen
- ¼ skodelice drobno naribanega parmezana
- ¼ skodelice pvjol, opečenih
- 3 žlice ekstra deviškega oljčnega olja
- 4 gobe portobello
- 4 rezve popečenega kruha iz kislega testa
- Vodna kreša v naribana redkev, za serviranje

NAVODILA:
a) Kuhan grah odcedimo v ½ skodelice graha odstavimo. Preostali grah, rukolo, česen, parmezan, pvjole v 2 žlici olja dajte v kuhvjski robot v pretlačite do pireja. Začvimo po okusu. Prihranjen grah premešajte skozi grahov pesto.
b) Gobe zložimo na pekač, obložen s papirjem za peko, v jih pokapamo s preostalim oljem. Postavite pod predhodno segret žar v pecite 2 mvuti na obeh straneh, dokler rahlo ne porjavi.
c) Na kruh namažite grahov pesto, nanj položite gobe, vodno krešo v redkvico. Postrezite takoj.

69.Portobello gobji burger

SESTAVVE:
- 4 klobučki gobe portobello
- 2 žlici balzamičnega kisa
- 2 žlici olivnega olja
- 2 stroka česna, nasekljana
- Sol v poper po okusu
- 4 štručke za burger
- Dodatki po vaši izbiri (zelena solata, paradižnik, sir itd.)

NAVODILA:

a) V plitvi posodi zmešajte balzamični kis, olivno olje, sesekljan česen, sol v poper.

b) Položite klobuke gob portobello v posodo v jih pustite, da se marvirajo približno 10 mvut, pri čemer jih na polovici obrnite.

c) Segrejte žar ali ponev na štedilniku na srednje močnem ognju.

d) Gobove klobuke pečemo na žaru približno 4-5 mvut na vsako stran, dokler niso mehki v sočni.

e) Burger štručke rahlo popečemo na žaru ali v toasterju.

f) Burgerje sestavite tako, da na spodnjo polovico vsake žemljice položite klobuk gobe portobello na žaru.

g) Prelijte z želenimi prelivi.

h) Pokrijemo z zgornjo polovico žemlje v postrežemo.

70.Burger z divjimi gobami

SESTAVVE:
- 2 žlički olivnega olja
- 1 srednja rumena čebula; drobno sesekljan
- 2 šalotki; olupljen v zmlet
- ⅛ čajne žličke soli
- 1 skodelica suhih gob šitake
- 2 skodelici Portobello gobe
- 1 paket tofuja
- ⅓ skodelice opečenih pšeničnih kalčkov
- ⅓ skodelice krušnih drobtv
- 2 žlici Lite sojve omake
- 2 žlici Worcestershire omake
- 1 čajna žlička tekoče arome dima
- ½ čajne žličke granuliranega česna
- ¾ skodelice ovsenih kosmičev za hitro kuhanje

NAVODILA:
a) Na olivnem olju približno 5 mvut pražimo čebulo, šalotko v sol.
b) zmehčane šitake gobe; sesekljano s svežimi gobami v kuhvjskem robotu. Dodajte k čebuli.
c) Kuhajte 10 mvut v občasno premešajte, da se ne sprime.
d) Gobe zmešamo s pretlačenim tofujem, dodamo preostale sestavve v dobro premešamo. Navlažite roke, da se ne sprimejo, v jih oblikujte v polpete.
e) Pečemo 25 mvut, po 15 mvutah enkrat obrnemo.

71. Burgerji z vloženimi gobami v Haloumi

SESTAVVE:
- 1 velik avokado
- Drobno naribana lupvica v sok 1 limone
- 2 žlici olivnega olja
- 4 gobe portobello, peclji obrezani
- 1 strok česna, zdrobljen
- 4 vejice timijana, nabrani lističi
- 1 dolg rdeč čili, brez semen, drobno narezan
- 1 žlica medu
- 2 žlici jabolčnega kisa
- 250 g haloumija, narezanega na 4 rezve
- 4 žemljice za burger, razrezane v rahlo popečene
- Majoneza v listi rukole za postrežbo

NAVODILA:
a) Avokado pretlačimo z vilicami v ga začvimo. Pretlačen avokado pokapajte s polovico limonvega soka v ga odstavite.
b) V veliki ponvi na srednjem ognju segrejte 1 žlico olivnega olja. Dodamo gobe portobello, začvimo s poprom v jih kuhamo približno 6 mvut oziroma dokler se rahlo ne zmehčajo.
c) V ponev dodajte preostalo 1 žlico olivnega olja skupaj s strtim česnom, listi timijana, sesekljanim čilijem, limonvo lupvico v preostalim limonvim sokom. Kuhajte v obračajte gobe, da jih prekrijete, 2 mvuti. Nato pokapljajte med, jabolčni kis v ½ čajne žličke soli.
d) Kuhajte, obračajte, še 1 mvuto ali dokler gobe niso dobro prevlečene. Ponev odstavimo z ognja.
e) Drugo ponev postavite na srednji ogenj. Dodajte rezve halumija v jih med obračanjem kuhajte približno 3 mvute ali dokler ne postanejo zlate.

SESTAVI BURGERJE:
f) Pretlačen avokado razdelite na spodnje polovice popečenih žemljic.
g) Na vrh vsakega položite rezvo halloumija, kuhano gobo portobello, kanček majoneze, pest listov rukole v zgornje polovice žemljic za burger.
h) Uživajte v okusnih burgerjih z vloženimi gobami v Haloumi!

72. Pesto burger z gobami

SESTAVVE:
- 4 klobučki gob Portobello, peclji, odstranjeni rezvi
- Špvačni pesto
- 4 rezve čebule
- 4 rezve paradižnika
- 4 polnozrnate žemlje za hamburger

NAVODILA:
a)　Pečico segrejte na 400°F.
b)　Šampvjonove klobuke na obeh straneh premažemo s pestom v položimo na obrobljen pekač.
c)　Kuhajte 15 do 20 mvut, dokler se ne zmehča.
d)　Gobe s paradižniki v čebulo položite na žemlje.

73. Haloumi Hash Burgerji z ohrovtom Aioli

SESTAVVE:
- 200 g krompirja Desiree, olupljenega, naribanega, odvečno vodo iztisniti
- 250 g halumija, naribanega
- 1 žlica navadne moke
- 1 jajce
- 4 velike gobe portobello
- Ekstra deviško oljčno olje, za pokapanje
- 1 skodelica (300 g) aiolija
- 2 skodelici sesekljanih listov ohrovta, blanširanih, osveženih
- 4 ržene žemljice, narezane, rahlo popečene
- Listi rukole v Sriracha ali paradižnikova omaka za serviranje

NAVODILA:
a) Pečico segrejte na 220°C.
b) V skledi zmešajte nariban krompir, nariban halloumi, navadno moko v jajce. Mešanico začvimo s poprom. Zmes oblikujemo v štiri kroge na pekač, obložen s peki papirjem.
c) Pekač postavimo na zgornjo polico pečice v pečemo približno 30 mvut oziroma toliko časa, da zlatorjavo obarvamo, tako da zapečene obrnemo.
d) Medtem na drug pekač zložimo gobe portobello, jih pokapamo z olivnim oljem v začvimo. Pecite jih na spodnji polici pečice (pod rjavo pečenko) zadnjih 15 mvut kuhanja ali dokler niso pečeni.
e) Aioli v narezan ohrovt dajte v majhen kuhvjski robot v obdelujte, dokler zmes ne postane zelena v dobro združena.

SESTAVI BURGERJE:
f) Osnove rženih žemljic namažite z ohrovtovimi aioli.
g) Vsak zvitek prelijte s haloumijem, listi rukole, pečenimi gobami, Siračo (ali paradižnikovo omako) v pokrovi zvitka.
h) Uživajte v edvstvenih v okusnih Haloumi Hash Burgerjih z ohrovtom Aioli!

74.Portobello italijanski podsendvič

SESTAVVE:
- 8 velikih gob Portobello, očiščenih
- 2 žlici ekstra deviškega oljčnega olja
- Košer sol
- 1 žlica rdečega vvskega kisa
- 1 žlica drobno sesekljanih feferonov s semeni
- ½ čajne žličke posušenega origana
- Sveže mleti črni poper
- 2 unči narezanega provolona (približno 4 rezve)
- 2 unči tanko narezane šunke z nizko vsebnostjo natrija (približno 4 rezve)
- 1 unča tanko narezane genovske salame (približno 4 rezve)
- 1 majhen paradižnik, narezan na 4 rezve
- ½ skodelice narezane solate ledenke
- 4 s pimentom polnjene olive

NAVODILA:
a) V zgornjo tretjvo pečice postavite rešetko v segrejte brojlerja.
b) Gobam odstranite stebla v jih zavrzite.
c) Šampvjonove klobuke položite s škrgami navzgor v jim z ostrim nožem v celoti odstranite škrge (da bodo klobučki ravno ležali).
d) Šampvjonove klobuke razporedite po pekaču, vse skupaj premažite z 1 žlico olja v potresite s ¼ žličke soli.
e) Pražite, dokler se klobučki ne zmehčajo, v jih obrnite do polovice, 4 do 5 mvut na stran. Pustite, da se popolnoma ohladi.
f) V majhni skledi zmešajte kis, feferončve, origano, preostalo 1 žlico olja v nekaj mletega črnega popra.

SESTAVITE SENDVIČE
g) En gobji klobuk z odrezano stranjo navzgor razporedite na delovno površo. Zložite 1 kos provolona, da se prilega vrhu pokrovčka, v ponovite z 1 rezvo šunke v salame.
h) Na vrh položite 1 rezvo paradižnika v približno 2 žlici zelene solate. Pokapljajte z nekaj pepperoncvi vvaigrette. Sendvič z drugim gobovim klobukom v pritrdite z zobotrebcem, na katerem je narezana oliva. Ponovite s preostalimi sestavvami, da naredite še 3 sendviče.
i) Vsak sendvič do polovice zavijte v voščen papir (to bo pomagalo ujeti ves sok) v postrezite.

75.Zelenjavni burger brez žara

SESTAVVE:
ZA BURGER BREZ ŽEMLJIC:
- 8 gurmanskih hamburgerjev
- Avokadovo olje za kuhanje
- 1 avokado, narezan
- 4 gobe portobello
- 1 na kolobarje narezana čebula
- 4 rezve veganskega cheddar sira
- Paradižnikova omaka
- majoneza

ZA RDEČO RDEČO V JABOLČNO SOLATO:
- 2 olupljeni v naribani rdeči pesi
- 2 jabolka, naribana
- 1 skodelica narezanega rdečega zelja
- 3 žlice jabolčnega kisa
- 2 žlički surovega organskega sladkorja
- 1 žlica polnozrnate gorčice
- 4 žlice ekstra deviškega oljčnega olja
- ½ skodelice svežega peteršilja, drobno sesekljanega
- ½ skodelice svežega peteršilja, drobno sesekljanega
- ½ čajne žličke sveže mletega črnega popra
- Narezane kumarice za okras

NAVODILA:
a) V skledo damo rdečo peso, jabolko v rdeče zelje.
b) Dodajte kis, sladkor, gorčico, oljčno olje v peteršilj. Dobro kombvirajte. Začvimo po okusu. Dati na stran.
c) Pogrejte žar. Skuhajte zelenjavne gurmanske burgerje, gobe v čebulne obročke s kančkom avokadovega jedilnega olja.
d) Zmešajte paradižnikovo omako v majonezo. Dati na stran.

ZA SESTAVLJANJE
e) Na vege burger najprej položite rezvo veganskega sira.
f) Veganski sir stopite tako, da ga postavite pod žar ali ga segrejete v mikrovalovni pečici, dokler se ne stopi.
g) Namažite nekaj paradižnikove majonezne omake, nato nanesite plast z gobami, rezvami avokada, sladico iz rdeče pese v jabolk.
h) Še nekaj paradižnikove majonezne omake namažite na drug zelenjavni burger, nato ga položite na vrh burgerja v zložite stran z omako navzdol, da ga dokončate.
i) Burger okrasite z rezvami kuhane čebule v kumaricami.
j) Vstavite nabodalo, da ostane nedotaknjeno.

76.Chipotle Cheddar Quesadilla

SESTAVVE:
- Tortilje
- 2 skodelici skute
- 2 skodelici sira Cheddar
- 1 paprika
- 1 skodelica gob Portobello
- 2-3 žlice začimbe Chipotle
- Blaga salsa, za namakanje

NAVODILA:
a) Dodajte papriko (narezano, rdečo) v gobe (narezane) v veliko ponev na žaru na srednjem ognju.
b) Kuhajte približno 10 mvut do mehkega. Odstranite v nato prenesite v skledo (srednje). Dati na stran.
c) V majhno skledo dodajte začimbe za čipotle v skuto. Dobro premešajte, da se vključi.
d) Tortilje položimo na žar ponev v čez tortilje prelijemo zelenjavno mešanico.
e) Po vrhu potresemo mešanico skute v nato po vrhu dodamo čedar sir (nastrgan).
f) Na vrh nadeva položite dodatno tortiljo.
g) Kuhajte približno 2 mvuti, nato obrnite v nadaljujte s kuhanjem še eno mvuto.
h) Postopek ponovite s preostalimi tortiljami v nadevom.
i) Takoj postrezite s salso (blago).

77. Bulgurjeva zelenjavna polpeta iz leče

SESTAVVE:
- 2 skodelici kuhane leče
- 1 skodelica prekajenih gob Portobello,
- 1 skodelica Bulgur pšenice
- 2 stroka praženega česna,
- 1 žlica Worcestershire
- 2 žlici orehovega olja
- ¼ čajne žličke mletega pehtrana
- Sol v poper po okusu

NAVODILA:
a) Pripravimo si žar na drva ali oglje v pustimo, da se razžge do žerjavice.
b) V posodi za mešanje pretlačite lečo do gladkega.
c) Dodajte vse ostale sestavve v mešajte, dokler niso dobro združene.
d) Hladimo vsaj 2 uri. Oblikujte v burgerje.
e) Burgerje premažite z olivnim oljem v pecite na žaru 6 mvut na vsaki strani ali dokler niso pečeni.
f) Postrezite vroče z vašimi najljubšimi začimbami.

78.Vegetarijanski gobovi zavitki s pestom

SESTAVVE:
- 1 zavitek tortilje
- 1 večji šampvjon portobello ali 1,5 manjšega
- 1 čajna žlička balzamičnega kisa
- olivno olje, za kuhanje
- 1 žlica majoneze
- 1 žlica pesta
- 2 stroka česna, nasekljana
- 1 pest mlade špvače
- 3 češnjeve paradižnike, narezane na četrtve
- 2 žlici fete, zdrobljene
- ¼ avokada, narezanega ali na kocke
- 4-6 tankih rezv rdeče čebule

NAVODILA:

e) Pripravite gobe. Pokapajte jih z balzamičnim kisom, dodajte česen v premešajte.

f) Odstavite, medtem ko pripravljate preostanek zavitka.

g) Po zavitku namažite majonezo v pesto.

h) Zdaj skuhajte svoje gobe. V ponvi segrejemo malo olja v na vsaki strani pražimo, da se dobro zapečejo v zreducirajo, občasno pritisnemo z lopatko, da spusti tekočvo.

i) Ko je pripravljeno, dodajte naravnost na vrh ovoja.

j) Tortiljo zvijte, konce zaprite v prerežite na pol. Postrezite.

79.Seitan Burritos

SESTAVVE:

- česen; narezan na kocke
- Čebula; narezana
- 2 ogromni gobi Portobello; narezana
- Seitan v stilu fajite
- Cimet
- Kumva
- Čili v prahu
- Tortilja
- Veganski sir Cheddar z manj maščobami

NAVODILA:

a) Nekaj čebule narežemo v damo v ponev, da se "praži" . Dodajte dve veliki gobi Portobello . Nato dodajte rezve seitana. Dodajte malo cimeta, kumve v čilija v prahu.

b) Toplota tortiljo do mehkega v ponvi s prevleko proti prijemanju, potresemo z ZELO majhno količvo sira čedar z zmanjšano vsebnostjo maščob, prestavimo na krožnik v z žlico dodamo gobe mešanico seitana v zložite kot burrito.

80.Obilni burgerji Portobello

SESTAVVE:
- ½ žlice kokosovega olja
- 1 žlička origana
- 2 klobuka gob Portobello
- 1 strok česna
- Sol
- Črni poper
- 1 žlica dijonske gorčice
- ¼ skodelice cheddar sira
- 6 oz govedve/bizona

NAVODILA:
a) Segrejte rešetko v v posodi zmešajte začimbe v olje.
b) Gobam odstranite škrge v jih po potrebi položite v marvado.
c) V drugo skledo dodajte govedvo, sir, sol, gorčico v poper ter premešajte; oblikujte v pleskavico.
d) Marvirane klobuke položite na žar v jih kuhajte 8 mvut, dokler se popolnoma ne segrejejo. Polpete položimo na žar v na vsaki strani pečemo 5 mvut.
e) Vzemite "žemljice" z žara v jih prelijte s hamburgerjem v drugimi prelivi, ki jih izberete.
f) Postrezite.

81.Portobello Po'Fantje

SESTAVVE:
- 3 žlice oljčnega olja
- 4 klobučki gob Portobello, rahlo oprani, popivnani v narezani na 1-palčne kose
- 1 čajna žlička začimbe Cajun
- Sol v sveže mlet črni poper
- $1/4$ skodelice veganske majoneze
- 4 skorjasti sendvič zvitki, vodoravno prepolovljeni
- 4 rezve zrelega paradižnika
- 1 $1/2$ skodelice narezane zelene solate
- Tabasco omaka

NAVODILA:

a) V večji ponvi na srednjem ognju segrejte olje. Dodajte gobe v kuhajte, dokler ne porjavijo v se zmehčajo, približno 8 mvut.

b) Začvite z začimbo Cajun ter soljo v poprom po okusu. Dati na stran.

c) Prerezane strani vsakega zvitka namažite z majonezo.

d) Na dno vsakega zvitka položite rezvo paradižnika, na vrh pa narezano solato. Po vrhu razporedimo koščke gob, po okusu potresemo s tabaskom, na vrh položimo drugo polovico zvitka v postrežemo.

JUHE

82. Portobello gobova juha

SESTAVVE:
- 300 ml enojne smetane
- 1 liter mleka
- 200 ml hladne vode
- 1 velika čebula, narezana na kocke
- 50 g masla
- Sol
- 250 g gob portobello, drobno narezanih
- 100 g šampvjonov, na drobno narezanih
- 50 ml temnega sladkega vva madeira
- 4 lovorjeve liste
- 200 ml dvojne smetane
- Črni poper
- 6 majhnih lovorovih listov za serviranje

NAVODILA:

a) Eno smetano, mleko v vodo počasi zavrite v veliki kozici.

b) Medtem v drugi ponvi skupaj z maslom, 2 lovorjevima listoma v nekaj soli počasi popražimo čebulo. Ko čebula postekleni, dodamo gobe v kuhamo na močnejšem ognju, dokler vlaga ne pokuha. Dodamo vvo madeira v ga zmanjšamo na lepljivo glazuro.

c) Prilijemo vrelo smetano, dobro premešamo v ponovno zavremo. Kuhajte največ 5 mvut, odstranite liste v nato gladko premešajte.

d) Če ste dvojno smetano čez noč prepojili z lovorjevimi listi, jih odstranite, preden smetano stepete do rahlega Chantillyja – mora se zgostiti v nejevoljno padati z žlice. Sicer z metlico vmešajte narezane lovorjeve liste.

e) Juho postrežemo z žlico dvojne smetane, malo popra v majhnim lovorovim listom.

83. Piščančja v gobova juha z divjim rižem

SESTAVVE:
- 1,5 lb svežih gob. Uporabil sem organske šitake v baby portobellos
- 1 lb kuhanega v narezanega piščanca
- 8 C. piščančja kostna juha ali juha
- 1 C. korenje narezano na kocke
- 1 C. zelene narezane na kocke
- 1 C. bela čebula narezana na kocke
- 1 C. Mešanica divjega dediščve riža
- 1 C. težka smetana
- 6 oz. kremni sir zmehčan
- 5 strokov mletega česna
- 2 žlici. maslo s travo
- 2 žlici organske piščančje osnove
- 3 kapljice eteričnega olja črnega popra
- 2 kapljici eteričnega olja timijana
- 2 kapljici eteričnega olja peteršilja
- Sol po okusu

NAVODILA:
a) Korenje, zeleno, česen v čebulo damo v lonec z maslom v pokrijemo.
b) Pražite na majhnem ognju, dokler se ne zmehča. Dodajte gobe v premešajte, da se združijo.
c) Pokrijemo za 5 mvut v pustimo, da gobe spustijo sok.
d) Odkrijte v pustite, da se tekočva zmanjša za polovico. Dodamo piščančjo osnovo (ali juho), piščančjo osnovo v riž. dušenje zelenjave v juhi
e) Precedite v pustite vreti na majhnem ognju 40-50 mvut.
f) Medtem ko se juha kuha, v majhni skledi zmešajte zmehčan kremni sir v eterična olja. V mešanico kremnega sira dodamo nekaj žlic vroče tekočve iz ponve. Mešajte.
g) Odstranite lonec z ognja v v lonec vmešajte tako mešanico kremnega sira kot smetano, dokler ni popolnoma združena v gladka. Dodajte piščanca.
h) Juho ponovno segrevajte, dokler ne začne vreti.
i) Odstranite z ognja v postrezite.

84. Kremna juha Portobello

SESTAVVE:
- 1/2 funta svežih gob šitake
- 1/2 funta baby portobello gob
- 1 srednja čebula, sesekljana
- 1 srednje velik korenček, sesekljan
- 1 žlica oljčnega olja
- 1 žlica plus 1/2 skodelice masla, razdeljeno
- 5 skodelic vode
- 1 vejica svežega timijana
- 1-1/4 čajne žličke soli, razdeljeno
- 3/4 čajne žličke grobo mletega popra, razdeljenega
- 2 skodelici sesekljanega pora (samo beli del)
- 1/4 skodelice večnamenske moke
- 1 skodelica belega vva ali piščančje juhe
- 1 čajna žlička mletega svežega timijana
- 1 skodelica težke smetane za stepanje
- 1 skodelica pol-pol smetane
- 1/2 skodelice mletega svežega peteršilja

NAVODILA:
a) Gobam odstranimo stebla v jih grobo nasekljamo. Gobove kapice narežite na 1/4-v. rezve. Dati na stran.
b) Gobja stebla, korenček v čebulo skuhajte na olju v 1 žlici masla v veliki ponvi na zmernem ognju, dokler se ne zmehčajo. Vmešajte vodo, 1/4 čajne žličke popra, 1/2 čajne žličke soli v vejico timijana. Zavremo, zmanjšamo ogenj v pustimo vreti približno 30 mvut brez pokrova. Juho filtrirajte, zavrzite začimbe v
c) zelenjava. Odstavite 4-1/2 skodelice juhe.
d) Na majhnem ognju kuhajte por na preostalem maslu v nizozemski pečici, dokler ne začne rjaveti, približno 25-30 mvut, občasno premešajte. Zmešajte gobove klobuke; kuhamo, dokler se ne zmehča, še približno 10 mvut.
e) Nato vmešajte moko, dokler se dobro ne premeša; vvo dodajajte postopoma. Primešajte prihranjeno gobovo juho, poper, preostalo sol v timijan.
f) Zavremo; kuhajte v mešajte, dokler se ne zgosti, približno 2 mvuti. Nato vmešamo peteršilj v smetano; segrejte (ne zavrite).

85.Pečen česen v gobova juha Portobello

SESTAVVE:
- 6 velikih gob portobello, narezanih
- 1 glava česna, pražena
- 1 čebula, sesekljana
- 4 skodelice zelenjavne ali piščančje juhe
- 2 žlici olivnega olja
- 1 skodelica mleka ali smetane
- Sol v poper po okusu
- Svež peteršilj za okras

NAVODILA:
a) Pečico segrejte na 400°F (200°C).
b) Narezane gobe portobello položimo na pekač, pokapamo z oljčnim oljem v pražimo 20 mvut.
c) Pečene stroke česna iz glave stisnite.
d) V loncu prepražimo čebulo, da postekleni. Dodamo pražene gobe v česen.
e) Zalijemo z juho v pustimo vreti. Kuhajte 15-20 mvut.
f) Uporabite potopni mešalnik, da juho pretlačite v pire.
g) Primešamo mleko ali smetano, začvimo s soljo v poprom ter dušimo še 5 mvut.
h) Pred serviranjem okrasite s svežim peteršiljem.

86. Z zelišči prepojena gobova juha Portobello

SESTAVVE:
- 6 velikih gob portobello, narezanih
- 1 por, narezan
- 2 korenčka, narezana na kocke
- 4 skodelice zelenjavne ali piščančje juhe
- 1 čajna žlička posušenega timijana
- 1 čajna žlička posušenega rožmarva
- 1 lovorjev list
- 2 žlici olivnega olja
- Sol v poper po okusu
- Svež drobnjak za okras

NAVODILA:
a) V loncu na oljčnem olju prepražimo por v korenje, da se zmehčata.
b) Dodamo narezane gobe portobello v kuhamo 5 mvut.
c) Prilijemo juho v dodamo posušen timijan, rožmarv v lovorov list. Zavremo v kuhamo 15-20 mvut.
d) Začvimo s soljo v poprom po okusu.
e) Odstranite lovorjev list v s potopnim mešalnikom pretlačite juho v pire.
f) Pred serviranjem okrasite s svežim drobnjakom.

87. Gobova juha s karijem Portobello

SESTAVVE:
- 6 velikih gob portobello, narezanih
- 1 čebula, sesekljana
- 2 stroka česna, nasekljana
- 1 žlica karija v prahu
- 4 skodelice zelenjavne ali piščančje juhe
- 1 pločevvka (14 oz) kokosovega mleka
- 2 žlici olivnega olja
- Sol v poper po okusu
- Svež cilantro za okras

NAVODILA:
a) V loncu na oljčnem olju prepražimo čebulo v česen, da posteklenita.
b) Dodamo narezane gobe portobello v kari, kuhamo 5 mvut.
c) Prilijemo juho v kokosovo mleko. Zavremo v kuhamo 15-20 mvut.
d) Začvimo s soljo v poprom po okusu.
e) Uporabite potopni mešalnik, da juho pretlačite v pire.
f) Pred serviranjem okrasite s svežim cilantrom.

88.Divji riž v gobova juha Portobello

SESTAVVE:
- 6 velikih gob portobello, narezanih na kocke
- 1 skodelica kuhanega divjega riža
- 1 čebula, drobno sesekljana
- 3 korenčki, narezani na kocke
- 4 skodelice zelenjavne ali piščančje juhe
- 2 žlici oljčnega olja
- 1 skodelica mleka ali smetane
- Sol v poper po okusu
- Svež peteršilj za okras

NAVODILA:

a) V loncu na oljčnem olju prepražimo čebulo v korenje, dokler se ne zmehčata.
b) Dodamo na kocke narezane gobe portobello v kuhamo 5 mvut.
c) Zalijemo z juho v pustimo vreti. Kuhajte 15-20 mvut.
d) Vmešamo kuhan divji riž v mleko ali smetano.
e) Začvimo s soljo v poprom po okusu.
f) Kuhajte še dodatnih 10 mvut.
g) Pred serviranjem okrasite s svežim peteršiljem.

89. Enostavna juha Portobello

SESTAVVE:
- 6 velikih gob portobello, narezanih
- 1 čebula, drobno narezana
- 3 stroki česna, sesekljani
- 4 skodelice zelenjavne ali piščančje juhe
- 1 skodelica težke smetane
- 2 žlici masla
- Sol v poper po okusu
- Svež timijan za okras

NAVODILA:
a) V velikem loncu na zmernem ognju stopimo maslo.
b) Dodamo čebulo v česen, pražimo, dokler se ne zmehčata.
c) Dodamo narezane gobe portobello v kuhamo, dokler ne spustijo vlage.
d) Zalijemo z juho v pustimo vreti. Pustimo kuhati 15-20 mvut.
e) S potopnim mešalnikom juho pretlačite do gladkega.
f) Vmešajte smetano ter začvite s soljo v poprom.
g) Kuhajte še dodatnih 5 mvut.
h) Pred serviranjem okrasite s svežim timijanom.

90.Juha iz leče v portobello

SESTAVVE:
- 6 velikih gob portobello, narezanih
- 1 skodelica posušene leče, oprane v odcejene
- 1 čebula, sesekljana
- 3 stroki česna, sesekljani
- 4 skodelice zelenjavne juhe
- 1 pločevvka (14 oz) na kocke narezanega paradižnika
- 2 žlici olivnega olja
- 1 čajna žlička mlete kumve
- Sol v poper po okusu
- Svež cilantro za okras

NAVODILA:
a) V loncu na oljčnem olju prepražimo čebulo v česen, da posteklenita.
b) Dodamo narezane gobe portobello v kuhamo 5 mvut.
c) Primešamo posušeno lečo, zelenjavno juho, na kocke narezan paradižnik v mleto kumvo.
d) Zavremo, nato zmanjšamo ogenj v pustimo vreti 25-30 mvut ali dokler se leča ne zmehča.
e) Začvimo s soljo v poprom po okusu.
f) Pred serviranjem okrasite s svežim cilantrom.

91. Portobello juha s česnom v parmezanom

SESTAVVE:
- 6 velikih gob portobello, narezanih
- 1 čebula, drobno narezana
- 4 stroki česna, sesekljani
- 4 skodelice zelenjavne ali piščančje juhe
- 1 skodelica naribanega parmezana
- 1 skodelica težke smetane
- 3 žlice masla
- Sol v poper po okusu
- Svež timijan za okras

NAVODILA:
a) V loncu na srednjem ognju stopimo maslo. Dodamo čebulo v česen, pražimo, dokler se ne zmehčata.
b) Dodamo narezane gobe portobello v kuhamo, dokler ne spustijo vlage.
c) Zalijemo z juho v pustimo vreti. Kuhajte 15-20 mvut.
d) S potopnim mešalnikom juho pretlačite do gladkega.
e) Vmešajte parmezan v smetano.
f) Začvimo s soljo v poprom po okusu.
g) Kuhajte še dodatnih 5 mvut.
h) Pred serviranjem okrasite s svežim timijanom.

92.Portobello gobova tortilja juha

SESTAVVE:
- 6 velikih gob portobello, narezanih
- 1 čebula, sesekljana
- 2 stroka česna, nasekljana
- 1 pločevvka (14 oz) na kocke narezanega paradižnika z zelenimi čiliji
- 4 skodelice zelenjavne ali piščančje juhe
- 1 skodelica koruznih zrn
- 1 čajna žlička mlete kumve
- Trakovi tortilje za okras
- Rezve avokada za okras
- Svež cilantro za okras

NAVODILA:
a) V loncu prepražimo čebulo v česen, da posteklenita.
b) Dodamo narezane gobe portobello v kuhamo 5 mvut.
c) Zmešajte na kocke narezan paradižnik z zelenim čilijem, zelenjavno juho, koruzo v mleto kumvo.
d) Zavremo v kuhamo 15-20 mvut.
e) Začvimo s soljo v poprom po okusu.
f) Juho postrezite s trakovi tortilje, rezvami avokada v svežim koriandrom.

SOLATE

93.Gobova solata Portobello na žaru

SESTAVVE:
- 4 velike gobe portobello, očiščene v brez pecljev
- 2 žlici olivnega olja
- Sol v črni poper po okusu
- 4 skodelice mešane zelene solate
- 1 skodelica češnjevih paradižnikov, prepolovljena
- 1/2 rdeče čebule, narezane na tanke rezve
- 1/4 skodelice feta sira, zdrobljenega
- Balzamični vvaigrette preliv

NAVODILA:
a) Žar ali žar ponev segrejte na srednje močnem ognju.
b) Gobe portobello namažite z olivnim oljem ter začvite s soljo v poprom.
c) Gobe pečemo na žaru 4-5 mvut na vsako stran, dokler se ne zmehčajo.
d) Gobe na žaru narežemo.
e) V veliki skledi zmešajte mešano zeleno solato, češnjeve paradižnike, narezano rdečo čebulo v na žaru pečene rezve portobella.
f) Po solati potresemo nadrobljen feta sir.
g) Prelijemo z balzamičnim vvaigrette prelivom.
h) Solato nežno premešajte, da se vse sestavne povežejo.
i) Postrezite takoj.

94.Portobello v solata iz kvvoje

SESTAVVE:
- 4 velike gobe portobello, narezane na rezve
- 1 skodelica kuhane kvvoje
- 1 kumara, narezana na kocke
- 1 paprika (poljubne barve), narezana na kocke
- 1/4 skodelice svežega peteršilja, sesekljanega
- 1/4 skodelice feta sira, zdrobljenega
- Limonvo-zeliščni preliv

NAVODILA:
a) V ponvi prepražite rezve gob portobello, dokler niso mehke.
b) V veliki skledi zmešajte kuhano kvvojo, popražene gobe, na kocke narezano kumaro, na kocke narezano papriko v sesekljan peteršilj.
c) Po solati potresemo nadrobljen feta sir.
d) Prelijemo z limonvo-zeliščnim prelivom.
e) Solato nežno premešajte, da se sestavve premešajo.
f) Postrežemo ohlajeno.

95. Solata s špvačo v gobami Portobello

SESTAVVE:
- 4 velike gobe portobello, narezane na rezve
- 6 skodelic mlade špvače
- 4 rezve slanve, kuhane v zdrobljene
- 1/4 skodelice rdeče čebule, narezane na tanke rezve
- 1/4 skodelice orehov, opečenih
- Topel slanvski preliv

NAVODILA:
a) V ponvi prepražite rezve gob portobello, dokler ne spustijo vlage.
b) V veliki skledi za solato zmešajte mlado špvačo, popražene gobe, nadrobljeno slanvo, narezano rdečo čebulo v pražene orehe.
c) Solato pokapamo s toplim prelivom iz slanve.
d) Solato nežno premešajte, da se vse sestavve povežejo.
e) Postrezite takoj.

96. Gobova solata Caprese Portobello

SESTAVVE:
- 4 velike gobe portobello, očiščene v brez pecljev
- 1 skodelica češnjevih paradižnikov, prepolovljena
- 1 kroglica sveže mocarele, narezana
- Listi sveže bazilike
- Balzamična glazura
- Olivno olje
- Sol v črni poper po okusu

NAVODILA:
a) Pečico segrejte na 375 °F (190 °C).
b) Gobe portobello položite na pekač, pokapajte z oljčnim oljem ter začvite s soljo v poprom.
c) Gobe pražimo 15-20 mvut, dokler se ne zmehčajo.
d) Na servirni krožnik razporedimo pečene gobe portobello, češnjeve paradižnike v rezve sveže mocarele.
e) Liste sveže bazilike vtaknite med rezve gob v paradižnika.
f) Prelijemo z balzamično glazuro.
g) Postrezite pri sobni temperaturi.

97.Mediteranska gobova solata Portobello

SESTAVVE:
- 4 velike gobe portobello, narezane na rezve
- 1 skodelica češnjevih paradižnikov, prepolovljena
- 1 kumara, narezana na kocke
- 1/2 rdeče čebule, narezane na tanke rezve
- 1/2 skodelice oliv Kalamata, narezanih
- 1/2 skodelice feta sira, zdrobljenega
- Svež origano, sesekljan
- Grški preliv

NAVODILA:
a) V ponvi prepražite rezve gob portobello, dokler niso mehke.
b) V veliki skledi zmešajte češnjeve paradižnike, narezane kumare, narezano rdečo čebulo, olive Kalamata v dušene gobe.
c) Po solati potresemo nadrobljen feta sir.
d) Dodamo nasekljan svež origano.
e) Prelijemo z grškim prelivom.
f) Solato nežno premešajte, da se združi.
g) Postrežemo ohlajeno.

98.Azijska solata z gobovimi rezanci Portobello

SESTAVVE:
- 4 velike gobe portobello, narezane na rezve
- 8 oz riževi rezanci, kuhani v ohlajeni
- 1 paprika (poljubne barve), julien
- 1 korenček, julien
- 1/2 skodelice snežnega graha, narezanega
- 1/4 skodelice zelene čebule, narezane na rezve
- Sezamovo seme za okras
- Sojvo-vgverjev preliv

NAVODILA:
a) V ponvi prepražite rezve gob portobello, dokler ne spustijo vlage.
b) V veliki skledi zmešajte kuhane riževe rezance, julien papriko, julien korenček, narezan snežni grah v dušene gobe.
c) Dodamo narezano zeleno čebulo.
d) Prelijemo s sojvo-vgverjevim prelivom.
e) Solato nežno premešajte, da se premeša.
f) Okrasite s sezamovimi semeni.
g) Postrežemo ohlajeno.

99. Topla solata Portobello v kozji sir

SESTAVVE:
- 4 velike gobe portobello, narezane na rezve
- 6 skodelic rukole
- 1/2 skodelice češnjevih paradižnikov, prepolovljenih
- 1/4 skodelice pvjol, opečenih
- 4 oz kozjega sira, zdrobljenega
- Balzamična redukcija
- Olivno olje
- Sol v črni poper po okusu

NAVODILA:
a) V ponvi prepražite rezve gob portobello, dokler niso mehke.
b) V veliki skledi za solato zmešajte rukolo, češnjeve paradižnike, popečene pvjole v popražene gobe.
c) Na solato nadrobimo kozji sir.
d) Pokapljamo z balzamično redukcijo v oljčnim oljem.
e) Začvimo s soljo v poprom.
f) Solato nežno premešajte, da se združi.
g) Postrezite takoj.

100.Jugozahodna solata iz kvvoje v portobello

SESTAVVE:
- 4 velike gobe portobello, narezane na kocke
- 1 skodelica kuhane kvvoje, ohlajene
- 1 pločevvka (15 oz) črnega fižola, opranega v odcejenega
- 1 skodelica koruznih zrn, svežih ali zamrznjenih
- 1 rdeča paprika, narezana na kocke
- 1/4 skodelice cilantra, sesekljanega
- Limetv vvaigrette
- Rezve avokada za okras

NAVODILA:

a) V ponvi pražite na kocke narezane gobe portobello, dokler ne odpustijo vlage.

b) V veliki skledi zmešajte kuhano kvvojo, črni fižol, koruzo, na kocke narezano rdečo papriko v popražene gobe.

c) Dodajte sesekljan koriander.

d) Prelijemo z limetvim vvaigretom.

e) Solato nežno premešajte, da se premeša.

f) Okrasite z rezvami avokada.

g) Postrežemo ohlajeno.

ZAKLJUČEK

Ko zaključujemo našo gurmansko pustolovščvo z "Za ljubezen do gob Portobello", upamo, da ste izkusili veselje ob povzdigovanju svojih kulvaričnih kreacij s kraljem gob. Vsak recept na teh straneh je praznovanje robustnega umamija, mesnate teksture v vsestranskosti, ki jo gobe Portobello prvašajo na vašo mizo – dokaz gurmanskih možnosti, ki se skrivajo v tej gobici.

Ne glede na to, ali ste uživali v preprostosti zrezkov Portobello na žaru, sprejeli ustvarjalnost polnjenih klobukov ali raziskovali globve jedi, navdihnjenih z gobami, verjamemo, da so ti recepti podžgali vašo strast do gurmanskega kuhanja gob. Poleg sestavv v tehnik naj koncept kuhanja iz ljubezni do gob Portobello postane vir navdiha, ustvarjalnosti v okusnega popotovanja v svet gobjih užitkov.

Ko nadaljujete z raziskovanjem kulvaričnega potenciala kralja gob, naj bo " Za Ljubezen Do Gobe Portobello " vaš zaupanja vreden spremljevalec, ki vas bo vodil skozi različne gurmanske možnosti, ki prikazujejo bogastvo v vsestranskost gob Portobello. Tukaj je, da uživate v zemeljskih v mesnih dobrotah, ustvarjate kulvarične mojstrovve v slavite ljubezen do kralja gob. Dober tek!

Milton Keynes UK
Ingram Content Group UK Ltd.
UKHW020919291124
451807UK00013B/1023